◎はじめに

　死刑は是か非か───。

　日本では、死刑の是非に関する議論は、刑罰として犯罪者の生命を剥奪することが妥当か否かという点に集中してきた。一方で、刑罰としての生命剥奪の在り方、つまり死刑の具体的な執行方法についてはそれほど議論されてこなかった。

　絞首刑は是か非か───。

　この議論が深化してこなかった最大の理由は、絞首刑をめぐる情報が著しく乏しかったことにある。

　刑事学の研究者にとって、刑事制裁全体の構想にとどまらず、学問上の姿勢まで問いかける死刑の是非というテーマに対して的確に議論を行なうためには、いかなる場合に死刑が選択されているのかを明らかにする必要があるとの観点から、筆者は死刑選択基準について研究を進めてきた。筆者は、2010（平成22）年にその成果を『死刑選択基準の研究』として公表し、その後も研究を継続してきた。筆者は、絞首刑をめぐる状況についての情報が著しく乏しいことから、死刑の是非に関する議論がどうしても抽象的で観念的になってしまうと考え、これまでその議論に敢えて立ち入らず、死刑に関してはその選択基準の研究に専念してきた。

　こうした中、ある事件の弁護団が絞首刑の具体的な執行状況について画期的とも言える検討を行なった。その成果は、中川智正弁護団ほか編著『絞首刑は残虐な刑罰ではないのか？──新聞と法医学が語る真実──』（現代人文社、2011年）として公表された。

　さらに、その知見を踏まえて、裁判員裁判においても問題が提起されることとなった（大阪地判平23年10月31日公刊物未登載）。やや紙幅をとるものの、

判決文の当該部分を引用することとしたい。

第2　絞首刑の憲法適合性

1　弁護人は、「絞首刑は、受刑者に不必要な苦痛を与え、頭部を離断させるおそれもある。その実態は、執行に立ち会った者が、これほどむごたらしいものはないと述懐するほどのものである。世界的に見ても、今日、絞首刑を維持している国は限られている。これらの点からすると、絞首刑が残虐ではないとした判例（最大判昭和30年4月6日刑集9巻4号663頁）は、時代と環境の変化の下で、もはやその前提を失ったというべきである。絞首刑は憲法36条に反する残虐な刑罰に当たる。また、頭部離断に至った場合には、断頭刑となり、法の定めない刑が執行されたことになって、憲法31条にも反する」旨主張する。

2　裁判員の意見も聴いた（裁判員の参加する刑事裁判に関する法律68条3項）上、弁護人の主張を検討したが、絞首刑は憲法に違反するものではないとの結論に至った。その理由は以下のとおりである。

(1)ア　法医学者であるR証人によれば、絞首刑で受刑者が死亡する経過や、心身に及ぼす影響は以下のとおりと認められる。すなわち、

(ｱ)　最も多く、典型的な経過は、〔1〕頸動静脈の圧迫により脳への血流が遮断されて酸欠状態となり、脳細胞が死滅して心臓停止により死亡する、あるいは、〔2〕咽頭が圧迫されて気道閉塞のため酸欠状態に陥り、同様の経過で死亡する、という2つのパターンである。これらは競合することも考えられる。前者（〔1〕）の場合には、脳に酸素が残る5ないし8秒間は意識があり、後者（〔2〕）の場合は、体に酸素が残る一、二分間は意識がある。そして、この間、頸部圧迫による苦しみや、縄によって生じる頸部の傷に伴う痛みを感じる。

(ｲ)　もっとも、縄のかかり方によっては、首が左右均等に絞まるとは限らないため、意識のある時間がより長くなって、痛みや苦しみもより大き

なものとなる。加えて、加わる力が大きすぎるときは、頭部が離断することも考えられる。その場合、首の皮が強いため、完全に離断はせず、内部組織だけが一部離断する場合も多い。これを避けるため、縄の長さ（落下距離）を短くすれば、締まり方が緩慢になり受刑者の苦痛が増す。頸部組織の強さなどは、個人によってまちまちであるため、頭部の離断を完全に防ぐことは不可能である。

イ　また、K証人は、自らが絞首刑の執行に立ち会った体験をもとに、「少し前まで呼吸をし、体温もあった受刑者が、手足を縛られ、首をロープにかけられ、執行後、首を基点に揺れる様子は、正視に耐えないむごたらしいものだと思った。絞首刑には、どのようなことが起きるのか予見できず、あってはならない事態が起きる可能性があるという問題もある」旨述べた。

(2)ア　このように、絞首刑は、多くの場合、意識喪失までに最低でも5ないし8秒、首の締まり方によっては、それが2分あるいはそれ以上かかるものとなり、その間、受刑者が苦痛を感じ続ける可能性がある。しかも、場合によっては、頭部離断、特に頸部内部組織の離断を伴うことがある。絞首刑には、受刑者が死亡するまでの経過を完全には予測できないといった問題点がある。

イ　しかし、死刑は、そもそも受刑者の意に反して、その生命を奪うことによって罪を償わせる制度である。受刑者に精神的・肉体的苦痛を与え、ある程度のむごたらしさを伴うことは避けがたい。憲法も、死刑制度の存置を許容する以上、これらを不可避のやむを得ないものと考えていることは明らかである。そうすると、死刑の執行方法が、憲法36条で禁止する「残虐な刑罰」に当たるのは、考え得る執行方法の中でも、それが特にむごたらしい場合ということになる。殊更に受刑者に無用な苦痛を与え、その名誉を害し、辱めるような執行方法が許されないことは当然としても、医療のように対象者の精神的・肉体的苦痛を極限まで和らげ、それを必要最小

限のものにとどめることまで要求されないことは明らかである。自殺する場合に比べて，安楽に死を迎えられるということになれば，弊害も考えられる。特にむごたらしいか否かといった評価は，歴史や宗教的背景，価値観の相違などによって，国や民族によっても異なり得るし，人によっても異なり得るものである。死刑の執行方法が残虐と評価されるのは，それが非人間的・非人道的で，通常の人間的感情を有する者に衝撃を与える場合に限られるものというべきである。そのようなものでない限り，どのような方法を選択するかは立法裁量の問題といえよう。

　ウ　絞首刑が死刑の執行方法の中で最善のものといえるかは議論のあるところであろう。しかし，死刑に処せられる者は，それに値する罪を犯した者である。執行に伴う多少の精神的・肉体的苦痛は当然甘受すべきである。また，他の執行方法を採用したとしても，予想し得ない事態は生じ得るものである。確かに，絞首刑には，前近代的なところがあり，死亡するまでの経過において予測不可能な点がある。しかし，だからといって，既にみたところからすれば，残虐な刑罰に当たるとはいえず，憲法36条に反するものではない。

　また，R証人の証言や，弁護人が提出した証拠によっても，頭部離断は，例外的に事故として生じるものであると認められ，しかも，多くの場合，頸部内部組織の離断にとどまる。そうすると，たとえこれらの事態が生じたとしても，多くの場合，断頭とまではいえないし，極めてまれな例外的な場合を一般化し，絞首ではなく断頭であるとするのは相当ではない。したがって，憲法31条に反するものでもない。

　弁護人の主張は理由がない。

　大阪地裁は、絞首刑の具体的な執行状況について弁護人らが得た知見を踏まえて、検討を行なった。その評価は、弁護人らにとって満足のいくものではなかっただろうが、弁護人らが死刑、とりわけ絞首刑に関する議論を深化させた

意義は極めて大きい。

　筆者は、弁護人らの成果に敬意を抱くとともに、研究者として絞首刑の執行方法に取り組んでこなかったことについて深く後悔するに至った。筆者は、死刑選択基準を研究する中で、死刑を廃止することに躊躇いを覚え、なお死刑は存置すべきだと考えている。そうである以上、死刑がどのような方法で執行されるべきかを検討することは必要不可欠であるはずである。

*

　絞首刑は死刑の執行方法の中で最善のものか——。

　筆者は、このテーマを掘り下げるために必要な資料を得るべく、改めてその手法を検討することから始めた。筆者は、法務省に対する情報公開請求には限界があると感じていたため、他の省庁などから資料を入手する方法がないかを考察した。

　まず、国立公文書館から資料を入手しようと試みたものの、残念ながら同館には求める資料がないようであった。

　次に、現在と絞首刑の執行方法が同じになっていたと考えられる第二次世界大戦終戦前の「外地」、とりわけ、日本法を依用することが多かった地域の死刑執行についてであれば、外務省から資料を入手できる可能性があることに思い至った。具体的には、南洋群島と樺太である。筆者は、これまでにオセアニアの島嶼国家や地域の刑事司法制度の研究を行ない、その関係で日本の委任統治領であった南洋群島の刑事司法制度について調査したことがあり（「南洋群島の刑事司法制度」関西大学法学論集61巻4号〔2011年〕1頁以下）、「外地」の法制度に関する資料を利用したことがあったためである。南洋群島においては死刑判決が確認できなかったのに対し、樺太においては死刑判決を確認することができた。しかし、樺太内で死刑は執行されず、死刑囚（当時。現・死刑確定者）は札幌刑務所に移送されて執行されていたことが判明した。そのため、求める資料を外務省が保管している可能性はほとんどないと判断した。この段階で、日本の省庁から必要な資料を得ることについては半ば断念せざるを得な

かった。

　ここに至って、筆者は、第二次世界大戦後の日本占領期の資料であれば、アメリカ合衆国などの他の国家が保管しているのではないかと考えた。占領期に連合国最高司令官総司令部（General Headquarters, the Supreme Commander for the Allied Powers; GHQ/SCAP）が作成し収集していた資料については、アメリカ合衆国の国立公文書館がその原本を保管していることが判明した。とは言え、その量は3000万枚を超える膨大な量であり、しかも、文書のフォルダにはタイトルさえも付されていないということが分かった。当てもなくアメリカの国立公文書館を彷徨うわけにもいかず、この研究テーマがこれまで取り組まれてこなかった主たる理由の１つである資料入手の困難性を痛感させられることとなった。

　こうした中、関西大学法学部の大津留（北川）智恵子教授から、占領期の政策や資料に詳しい関西大学文学部の豊田真穂准教授を紹介いただいた。豊田准教授からは、GHQの資料全てがマイクロフィッシュに複写されて日本の国立国会図書館に収蔵されていること、しかも、国立国会図書館によって各フォルダにタイトルが付されていること、さらに、そのフォルダ名を検索できることを御教示いただいた。

　残念ながら、死刑の執行方法自体については、未だその資料を発見するに至っていないものの、これまでほぼ全面的に黒塗りがなされ、完全な形を推測すらできなかった死刑執行起案書と死刑執行始末書を入手することができた。

　本書は、このようにして得られた死刑執行起案書と死刑執行始末書を分析し、ベールに隠されてきた絞首刑の実態に迫ろうとするものである。そして、本書は、絞首刑が死刑の執行方法の中で最善のものかについて、重要な示唆を与えるものとなろう。

　本書の研究については、共同通信社によって2012（平成24）年10月８日に配信され（「絞首執行、平均14分　終戦直後の死刑囚、最大10分ばらつきも、英文公文書で判明」／"Japanese executions took average of 14 minutes in

1940s, 1950s"）、その記事は翌日付中日新聞朝刊をはじめとする地方紙と翌々日付 *The Japan Times* に掲載された。

＊

　学部及び大学院とお世話になった京都大学の先生方には、懇切この上ない御指導御鞭撻を賜ってきた。また、奉職した関西大学の先生方には、研究、教育及び学内行政の全ての面で御配慮を賜るとともに、多くのことを学ばせていただいている。とりわけ、有益な情報を御教示いただいた大津留（北川）智恵子教授、豊田真穂准教授に深謝したい。そして、学会や研究会でお目にかかる他大学の先生方や実務家の方々には、貴重な御指摘や御助言を頂戴してきた。さらに、三菱信託山室記念奨学財団（現・三菱ＵＦＪ信託奨学財団）には、大学2回生より大学院修士課程修了に至るまで奨学金を給付していただいた。加えて、公益財団法人三菱財団には、第40回（平成23年度）三菱財団人文科学研究助成によって多額の助成金を頂戴し、研究を円滑に遂行することができた。本書はその研究成果の一部である。最後に、家族にはいつも支えてもらってきた。本書を刊行することができるのは、これら全ての方々のおかげにほかならない。この場を借りて、謹んで謝意を表する。

　末筆ながら、現代人文社には出版事情厳しき折、本書を上梓させていただいた。厚く御礼を申し上げる。

2013年4月

永田　憲史

目次

はじめに………………1

資料解題：
死刑確定者を絞首して死亡させるために要する時間
GHQ/SCAP 文書：「死刑執行起案書」・
「死刑執行始末書」の分析………………11

1　絞首刑の残虐性に関する議論………………11
2　連合国最高司令官総司令部
　　（GHQ/SCAP）文書………………15
3　「刑務所―死刑判決と執行」の内容………………16
4　「刑務所―死刑判決と執行」の分析………………24
5　「110番　宮城刑務所、
　　東北地方宮城県仙台市」の内容………………27
6　総括………………28

表1　死刑執行順一覧………………32
表2　死刑執行所要時間別一覧………………34
表3　死刑執行施設別一覧………………36

資料：
日本の死刑執行に関するGHQ/SCAP文書
死刑執行始末書【整理番号01～46】（日本語訳・原本）………………40
死刑執行起案書及び添書【整理番号42,43】（日本語訳）………………132
死刑執行起案書及び添書【整理番号46】（日本語訳）………………138
大韓民国籍の者に対して下された判決の再検討（原本）………………141
死刑執行に関するGHQ/SCAP文書の覚書（原本）………………143

【凡例】
- 資料の原本には汚れや不鮮明な箇所があるが、そのまま収録した。
- 資料の整理番号は、著者が付した。
- 資料（整理番号01〜46）は、見開きで、左側頁に日本語訳（紙面の都合からレイアウトが変更されている場合がある。また、原本が不鮮明で読みとれない箇所には?を付した）、右側頁にその原本（英文・縮小した）をそれぞれ収録した。
- 資料のプライバシーに関わる部分はマスキングした。

資料解題

死刑確定者を絞首して死亡させるために要する時間

GHQ／SCAP文書：「死刑執行起案書」・「死刑執行始末書」の分析

1　絞首刑の残虐性に関する議論

　日本では、「死刑は、刑事施設内において、絞首して執行する」とされ（刑法11条1項）、死刑の執行方法は絞首刑とされている。
　それでは、絞首刑は憲法上禁止される「残虐な刑罰」（憲法36条）に当たるか。1948（昭和23）年、最高裁は、「生命は尊貴である。一人の生命は、全地球よりも重い。死刑は、まさにあらゆる刑罰のうちで最も冷厳な刑罰であり、またまことにやむを得ざるに出ずる窮極の刑罰である。それは言うまでもなく、尊厳な人間存在の根元である生命そのものを永遠に奪い去るものだからである」とした上で、「死刑は、……まさに窮極の刑罰であり、また冷厳な刑罰ではあるが、刑罰としての死刑そのものが、一般に直ちに同条〔憲法36条──筆者注〕にいわゆる残虐な刑罰の該当するとは考えられない。ただ死刑といえども、他の刑罰の場合におけると同様に、その執行の方法等がその時代と環境とにおいて人道上の見地から一般に残虐性を有するものと認められる場合には、勿論これを残虐な刑罰といわねばならぬから、将来若し死刑について火あぶり、はりつけ、さらし首、釜ゆでの刑のごとき残虐な執行方法を定める法律が制定されたとするならば、その法律こそは、まさに憲法第36条に違反するものというべきである」として、絞首刑が「残虐な刑罰」に当たることを否定し、合憲であると判断した。[*1]
　最高裁は、「残虐な刑罰」の判断に当たって、生命剥奪自体の残虐性を問題

とすることなく、執行方法の残虐性のみを考慮して判断することを明確にした。最高裁は、当該判決の直後に「残虐な刑罰」を「不必要な精神的、肉体的苦痛を内容とする人道上残酷と認められる刑罰」と定義し、刑罰自体の残虐性ではなく、執行方法の残虐性を問題とすることを再確認している。[*2]

　前者の判決の補充意見において、島保裁判官、藤田八郎裁判官、岩松三郎裁判官、河村又介裁判官は、「憲法第31条の反面解釈によると、法律の定める手続によれば、刑罰として死刑を科しうることが窺われるので、憲法は死刑をただちに残虐な刑罰として禁じたものとはいうことができない。しかし憲法は、その制定当時における国民感情を反映して右のような規定を設けたにとどまり、死刑を永久に是認したものとは考えられない。ある刑罰が残虐であるかどうかの判断は国民感情によつて定まる問題である。而して国民感情は、時代とともに変遷することを免がれないのであるから、ある時代に残虐な刑罰でないとされたものが、後の時代に反対に判断されることも在りうることである。したがつて国家の文化が高度に発達して正義と秩序を基調とする平和的社会が実現し、公共の福祉のために死刑の威嚇による犯罪の防止を必要と感じない時代に達したならば、死刑もまた残虐な刑罰として国民感情により否定されるにちがいない。かかる場合には、憲法第36条の解釈もおのずから制限されて、死刑は残虐な刑罰として憲法に違反するものとして、排除されることもあろう」と述べた。

　島裁判官らの補充意見は、残虐性について国民感情が判断基準になるとし、将来、死刑が「残虐な刑罰」として36条違反になりうることを明確に認めていた。

　とは言え、その後、死刑の執行方法自体の残虐性に関する議論は深化してこなかった。確かに、とりわけ上告審においては、控訴審で死刑判決がなされた事件又は第1審の死刑判決を控訴審が是認した事件の場合、弁護人は、死刑が「残虐な刑罰」に当たり違憲であるとの主張を行なうことが常であった。しかし、このような主張は、上告理由として事実誤認や量刑不当が認められていないことから（刑事訴訟法405条参照）、事実誤認や量刑不当の主張を実質的に行なうための便宜的な方策にすぎず、あくまで形式的な主張に過ぎないものであった。

　こうした中、1993（平成5）年、大野正男裁判官は補足意見で死刑廃止国の

増加と再審無罪判決の存在を指摘しつつ、死刑が「残虐な刑罰」と評価される余地が増大したことを指摘した。もっとも、このような指摘が最高裁の姿勢に影響を与えることはほぼなかったと言ってよい。

　以上のように、死刑が「残虐な刑罰」に当たるか、特に絞首刑が残虐な執行方法に当たるかについて、議論が深化してこなかった最大の理由は、絞首刑をめぐる状況についての情報が著しく乏しかったことにある。

　そもそも、日本の法律において、死刑の執行に関する規定は極めて少ない。死刑執行の命令者及び同命令の時期（刑事訴訟法475条）、同命令後の執行時期（同法476条）、死刑執行の停止（同法479条）、死刑執行の場所、実施曜日等（刑事収容施設及び被収容者等の処遇に関する法律178条）、死刑執行後の解縄（同法179条）、死刑執行時の立会い者等（刑事訴訟法477条）、死刑執行始末書の作成（同法478条）が規定されているにすぎない。

　このうち、死刑執行の場所について「刑事施設内の刑場」（刑事収容施設及び被収容者等の処遇に関する法律178条1項）とされているのみであって、具体的な建物の様式や設備などに関する規定は、絞罪器械図式（明治6年太政官布告第65号）があるに留まる。しかしながら、この図式によれば、刑場は地上に絞架を組むものであって、被執行者に階段を上らせることとなるはずであるところ、20世紀になると、被執行者を地下に設けた掘割へ落下させて絞首して死亡させる地下掘割式と呼ばれる別異の方式が何らの法律上の根拠なく採用されている。また、死刑執行の手段である器具についても同図式とは異なる形状の縄が利用されているとされる。

　最高裁は、1961（昭和36）年、同図式を定めた太政官布告について、「同布告の制定後今日に至るまで廃止されまたは失効したと認むべき法的根拠は何ら存在しない。そして同布告の定めた死刑の執行方法に関する事項のすべてが、旧憲法下また新憲法下において、法律をもつて規定することを要する所謂法律事項であるとはいえないとしても、同布告は、死刑の執行方法に関し重要な事項（例えば、「凡絞刑ヲ行フニハ……両手ヲ背ニ縛シ……面ヲ掩ヒ……絞架ニ登セ踏板上ニ立シメ……絞縄ヲ首領ニ施シ……踏板忽チ開落シテ囚身……空ニ懸ル」等）を定めており、このような事項は、死刑の執行方法の基本的事項で

あつて、……新憲法下においても、同布告に定められたような死刑の執行方法に関する基本的事項は、法律事項に該当するものというべきであつて（憲法31条）、検察官はその答弁書において、右布告の内容は法律事項ではなく、死刑執行者の執行上の準則を定めたものに過ぎないから、現行法制からみれば法務省令をもつて規定しうるものであるというが、当裁判所は、かかる見解には賛成できない。将来右布告の中その基本的事項に関する部分を改廃する場合には、当然法律をもつてなすべきものである。……右布告は新憲法下において、法律と同一効力を有するものとして有効に存続しているといわなければならない（憲法98条1項）」とした[*5]。この判決により、死刑執行の具体的な執行方法が実務上改変されたことが追認されることとなり、死刑執行の実際は闇に閉ざされ続けることとなった。

また、死刑執行後の解縄については、死亡を確認してから5分経過後とされているものの（同法179条）、ここでもまた、そもそもどの程度の時間が経過してから誰がどのように死亡を確認するのかに関する規定はない。

1948（昭和23）年に死刑を合憲とした前記判決は、「現代国家は一般に統治権の作用として刑罰権を行使するにあたり、刑罰の種類として死刑を認めるかどうか、いかなる罪質に対して死刑を科するか、またいかなる方法手続をもつて死刑を執行するかを法定している」とするが、日本においては、「いかなる方法手続をもつて死刑を執行するかを法定している」とは言い難い状況が続いているのである。

このような状況に加えて、法務省は、情報公開請求に対して、文書を非公開としたり、その一部を非公開としたりするなどしており、いかなる方法や手続をもって死刑を執行しているかについての核心部分は闇に包まれていた。

近時、最高裁において、法医学的な観点から絞首刑の残虐性が争われるとともに[*6]、裁判員裁判においても、絞首刑の残虐性が争われるようになった[*7]。しかし、死刑執行の具体的な状況が不明である以上、その議論は隔靴掻痒の感を免れえないものとなってしまっている。

筆者は、現段階において、法務省から死刑執行の核心に関わる文書を入手することは期待できないと考え、他の省庁や他の国家が保管している文書を入手

するほかないと考えた（本書「はじめに」参照）。結果として、連合国最高司令官総司令部（General Headquarters, the Supreme Commander for the Allied Powers; GHQ／SCAP）が収集し保管していた文書から非常に貴重な情報を得ることができた。以下、詳述する。

2 連合国最高司令官総司令部（GHQ／SCAP）文書

　連合国最高司令官総司令部（GHQ／SCAP）文書の原本は、アメリカ合衆国の国立公文書館に収蔵されている。その原本をマイクロフィッシュで複写したものが日本の国立国会図書館憲政資料室に日本占領関係資料の一部として収蔵されている。

　それゆえ、今回発見された文書については、連合国最高司令官総司令部が保持していた真正なものと考えることができる。そして、その大半は、日本政府（法務府。当時）作成の公文書であり、資料としての価値は極めて高い。

　今回発見された文書群は2つある。

　1つ目は、連合国最高司令官総司令部参謀第2部（G2）が保管していたものである。連合国最高司令官総司令部記録（GHQ／SCAP Records）[*8]のボックス番号368番、フォルダ番号26番であり、日本の国立国会図書館が付したフォルダの表題は「刑務所—死刑判決と執行（Prison – Death Sentences and Executions）」[*9]である。原本が作成又は保管された時期は1950年1月乃至1951年2月と表記されている。総数は262枚である。

　2つ目も、連合国最高司令官総司令部参謀第2部が保管していたものである。連合国最高司令官総司令部記録のボックス番号344番、フォルダ番号27番であり、日本の国立国会図書館が付したフォルダの表題は「110番　宮城刑務所、東北地方宮城県仙台市（Miyagi Prison, Sendai, Miyagi Prefecture, Tohoku 110）」である。[*10]原本が作成又は保管された時期は1946年6月乃至1949年8月と表記されている。総数は370枚である。

　なお、付言すると、今回発見された文書は全てアメリカ合衆国の国立公文書館及び日本の国立国会図書館で公開されていた資料であって、複製は可とされ

ており、その入手は適法かつ適正に行なわれたものである。

③ 「刑務所─死刑判決と執行」の内容

(1) 「死刑執行起案書」・「添書」・「死刑執行始末書」

「刑務所─死刑判決と執行」の大半は、「死刑執行起案書」、その添書、「死刑執行始末書」からなっている。各文書が必ずしも順番に並べられていないところがあるものの、その多くは、「死刑執行起案書」の添書、「死刑執行起案書」、「死刑執行始末書」の順となっている。

「死刑執行起案書」の添書については、複数の被執行者の「死刑執行起案書」及び「死刑執行始末書」を一括して送付する際に添付されていることがある。また、「死刑執行起案書」については、同一事件に関わる複数の被執行者についてまとめて記載していることがある。

これらのうち、死刑執行前後の状況を記述したものとして、「死刑執行始末書」の重要度が最も高いと考えられるため、「死刑執行始末書」については、今回発見された46件全てを訳出した（本書40〜131頁）。また、「死刑執行起案書」の添書及び「死刑執行起案書」については、一例として、同一事件に関わる複数の被執行者についてまとめて記載した例（整理番号42及び43）と今回発見された46件のうち執行年月日が最も遅い死刑被執行者（整理番号46）について訳出した（本書132〜140頁）。いずれも、氏名、本籍地などが原本に記載されているものの、個人情報に関わるものであるため、これらは伏せることとした。

今回発見された「死刑執行起案書」の添書、「死刑執行起案書」、「死刑執行始末書」は、いずれも英語で記述されており、タイプライターで作成されている。文書の中には、判読が不可能又は困難なものが一部存在した。これらの文書の存在はともに知られていたものの、情報公開請求などに対して法務省がその大部分を抹消していたため、完全な形で入手されたことはなく、完全な形のものが発見及び入手されたのは初めてである。

また、今回発見された文書の残りのものは、死刑執行に関するGHQ／SCAPの覚書と思しき文書である。いずれも原本は英語であり、タイプライターで作

成されたもののほか、手書きのものもある。

「死刑執行起案書」の添書は、法務府（Attorney-General's Office）[*11]からGHQ／SCAPに宛てて出されたものである。その内容はいずれもほぼ同様であり、定型的なものである。差出の日付は、「死刑執行起案書」に記載されている死刑判決執行予定日よりも前になっており、死刑執行に関してGHQ／SCAPに事前に通知する慣例があったことが窺われる。もっとも、死刑執行に関してGHQ／SCAPの事前の承認を得る慣行まで確立されていたかどうかについては不明である。

なお、「死刑執行起案書」に記載された死刑判決執行予定日が変更された例が1件確認できた（整理番号19）。その添書によると、死刑判決執行予定日に刑務所長会議の予定が入ったために変更されたとのことである。添書には手書きで変更日時がメモ書きされており、他の「死刑執行起案書」の死刑判決執行予定日に手書きで下線が引かれていることと併せて考えると、GHQ／SCAPが死刑執行年月日に関心を有していた事実が窺われる。

「死刑執行起案書」は、同添書によれば、法務府内部の文書であり、法務総裁（Attorney-General）宛てである。いずれも、記載されている項目はほぼ同一であり、統一された書式が存在していたことが窺われる。具体的には、本籍地、職業、罪名、生年月日、人格、生育歴、財産状態、前科、親族、犯行の動機、犯行の要旨、捜査の経緯、事実認定のデータ、起訴日、第1審裁判所、第1審判決日、第2審裁判所、第2審判決日、第3審裁判所、第3審判決日、判決確定日、死刑判決執行予定刑事施設、死刑判決執行予定日などが順に記載されている。このうち、第2審裁判所、第2審判決日、第3審裁判所、第3審判決日については、控訴審又は上告審の判決がなされなかった場合は記載されていない。

「死刑執行始末書」は、死刑を執行した施設の長が作成したもので、いずれにも添書は付されていない。こちらも、記載されている項目はほぼ同一であり、統一された書式が存在していたことが窺われる。氏名、年齢、本籍地、現住所、職業、罪名、判決日及び裁判所（第1審から順に記載）、前科、執行日、執行立会者、遺体の取扱、存命中の通信、特記事項が順に記載されている。このう

ち、執行日には、執行年月日だけでなく、執行開始時刻と執行終了時刻が分又は秒まで記載されていた。この点については、次節で詳細に分析する。なお、「死刑執行始末書」をもとに死刑執行順、執行所要時間別、執行施設別にそれぞれ整理した表を作成した（本書32〜37頁）。

①被執行者の氏名

「死刑執行起案書」と「死刑執行始末書」には、被執行者の氏名がローマ字のみで記載されている。そのせいもあって、例えば、同一人物に係るものと思われる「死刑執行起案書」と「死刑執行始末書」において、「ふじわら」と「ふじはら」のように、漢字の読み方の誤りなどによる齟齬が見受けられる場合がある（整理番号09、18、26、31、46）。また、英文にする際に通称名と戸籍名を取り違えたのではないかと窺われるものもある（整理番号09、11、25）。

②被執行者の年齢

年齢については、年齢ではなく生年月日が記載されている例（整理番号01、02）を除くと、執行時の年齢が記載されている。20歳代（整理番号01〜11、13〜15、17〜20、23、27〜29、32、34、38〜41、44）が最も多く、全体の6割を超えており、30歳代（整理番号21、22、24、30、33、35、42、45）、40歳代（整理番号16、25、31、37、43、46）と続く。50歳代（整理番号26）及び60歳代（整理番号36）はそれぞれ1件に留まっており、若い世代に対する死刑執行が目立つことが特徴的である。最年少は23歳（整理番号07〜10、40）であり、最高齢は63歳（整理番号36）であった。

③被執行者の本籍地

本籍地については、大韓民国である例が少なくなかった（整理番号06、09、11、13、24、25、35）。朝鮮半島出身者に対しては就業などをはじめとして様々な差別があったことが背景にあると考えられる。また、日本国籍の者に比べて、量刑上厳しい判断がなされやすかった可能性がある。この点については、当時既に問題意識があったようで、GHQ／SCAPは、「大韓民国籍の者に対して下された判決の再検討」を行なっていた（本書141頁参照）。

④被執行者の現住所・職業

現住所については、住所不定である例が少なくなかった（整理番号06、08、

10、12、19、20、23、28〜30、32、40、41、45）。住所不定であることが犯罪リスクを高める要因であるとともに、家族との関係が悪いと推認されて再犯リスクが高いと判断され、死刑選択がなされやすかった可能性もある。

職業については、無職である例が少なくなかった（整理番号04〜14、16、17、19、20、22〜25、28〜32、34、35、39、40、42、43、45）。就業していないことが犯罪リスクを高める要因であるとともに、再犯リスクが高いと判断され、死刑選択がなされやすかった可能性もあろう。

⑤ **被執行者の罪名**

罪名については、最も犯情が重いと思われる犯罪類型を見ると、強盗殺人（整理番号02、08、10、12、14、15、17、18、20、22〜28、30、32〜43、45、46）、強盗致死（整理番号03〜07、09、11、13、16、19）が目立ち、殺人（整理番号01、29、31）、尊属殺（整理番号44）、強盗強姦致死（整理番号21）も見受けられた。

⑥ **判決日・裁判所**

判決日及び裁判所については、第1審判決が確定したもの（整理番号06、10、11、13、16、19、22、26、31、39、40）、控訴審判決が確定したもの（整理番号01〜05、07、09、17、32、41）が少なくない。これは、「平和条約の締結によって恩赦が与えられることをしきりに望んでいた」（整理番号42）と特記事項に記載された例があるように、日本国との平和条約（いわゆるサンフランシスコ平和条約）（昭和27年条約第5号）に関して恩赦が実施された場合に備えて、その対象となるべく判決を確定させておく必要に迫られたことが影響していると考えられる。

なお、同条約は、1951（昭和26）年9月8日に署名されて同年11月18日に批准され、1952（昭和27）年4月28日に公布された。そして、同条約の公布に合わせて減刑令（昭和27年政令第118号）が制定された。同令においては、強盗致傷罪、強盗殺人罪、強盗強姦致死罪、強盗強姦殺人罪などによるもの以外の（同令7条9号など参照）[*12] 死刑を無期懲役に減刑した（同令2条）。その際、本条約の公布日が基準日とされ（同令1条1項）、基準日以前に刑の言渡しを受けて未だ裁判が確定していない者についても原則として確定した段階でその効

力を及ぼしたため（同令1条2項）、上訴を取り下げるなどして早期に裁判を確定させる必要は結果としてはなかった。

⑦**被執行者の前科**

前科については、その有無が記載されていない例があった（整理番号24）。

⑧**執行立会者**

執行立会者については、検察官1名と検察事務官2名であった例（整理番号37、44）を除けば、検察官と検察事務官各1名であった。

⑨**被執行者の遺体の取扱**

遺体の取扱については、解剖実習（operation）などのために献体とすることが多かったようで、どの大学（の医学部）に献体されたかまで記載されている（整理番号04、05、07〜13、16〜21、23、26〜28、30〜34、36、37、39〜41、44〜46）。存命中の通信の欄において、遺体を献体にすることなく埋葬してほしいとの要望が被執行者からなされていたために刑務所内に暫定的に埋葬したとの記述があることからすると（整理番号06、29）、遺体を献体とするよう被執行者に対して執行施設が勧めていた可能性が高い。監獄法は、「在監者死亡シタルトキハ之ヲ仮葬ス」（同法73条1項）、「死体ハ必要ト認ムルトキハ之ヲ火葬スルコトヲ得」（同法73条2項）、「死体又ハ遺骨ハ仮葬後二年ヲ経テ之ヲ合葬スルコトヲ得」（同法73条3項）とし、監獄法施行規則は、「死亡後二十四時間ヲ経テ死体ノ交付ヲ請フ者ナキトキハ……之ヲ監獄ノ墓地ニ仮葬ス可シ」（同規則181条1項）としており、執行施設において火葬することは監獄法73条に基づくものであるところ、監獄法74条に基づくと誤記されたと考えられる例が2件あった（整理番号29、35）。

⑩**存命中の通信**

存命中の通信については、家族などとの信書や面会の具体的回数などが記載されている。例えば、ⓐ父らに対して70通以上の手紙を送り、父らから10通以上の手紙を受け取るとともに、18回の面会がなされた（整理番号03）。ⓑ母、兄及び妹との面会が10回以上なされるとともに、兄、姉及び妹に40通以上の手紙が送られ、彼らから20通以上の手紙を受け取った（整理番号04、05）。ⓒ父らと14回の面会がなされるとともに、母、妹、おじ及び友人から66通の手紙を

受け取り、父、妹、おじ及び兄に宛てて280通の手紙を差し出した（整理番号08）。ⓓ兄らと14回の面会があった（整理番号12）。ⓔ母と5回、姉（又は妹）と2回、別の姉（又は妹）と2回の面会がなされるとともに、母に10通、同人の姉（又は妹）に55通、別の姉（又は妹）に9通の手紙を送り、母から1通、姉（又は妹）から36通、別の姉（又は妹）から3通の手紙を受け取った（整理番号33）。ⓕ被執行者の姉から写真が送付された（整理番号06）などの例がある。

　このように、家族と良好な関係が維持された例がある一方で、事件前に協議離婚したり（整理番号42）、事件後に離婚したり（整理番号43）しないまでも、家族との関係がもともと劣悪であったり、事件後に悪化したりしたせいか、手紙の返信や面会が得られなかった例も少なくない。例えば、ⓖ兄らに手紙を送ったものの、返信はなかった（整理番号07）。ⓗ妹に10通以上並びに父、母、おじ及び妹に54通の手紙を差し出したものの、返信はなかった（整理番号10）。ⓘ家族や近親者との通信はなかった（整理番号09、11、13、16）。ⓙ全く通信はなかった（整理番号19、20、22、26、30、31、34、39）。さらに、ⓚ執行された際、遺体の取扱が内縁の妻に照会されたものの、無関係であるとの返答がなされた例（整理番号13）や、ⓛ執行については家族に伝えないでほしいとの要望が被執行者からあった例（整理番号28）などもある。なお、存命中の通信について記載のない例もあった（整理番号29、35）。

⑪**特記事項**

(A)**反省・謝罪**

　特記事項については、なしと記載されている例があるものの（整理番号01、02）、多くの場合、死刑執行に至るまでの被執行者の心理状況や死刑執行直前の発言などが記載されている。ほとんどの例で記載されているのが、「存命中、同人は罪の意識に苦しみ、自らの過去の犯罪を悔いていた」などと反省し、自らの罪責が死刑相当であるとの認識が示されているものである（整理番号03～33、35～46）。これと関連して、宗教に帰依したことが窺われる記載も見受けられる（整理番号14、16、17、24、25、28、43）。被害者遺族の赦しを請うと述べて遺言とした例もある（整理番号19）。「検察官に謝罪した」という例（整理番号27）は、執行立会者の検察官に謝罪したものと思われるが、被害者やそ

の遺族に向けてではなく、執行立会者の検察官に謝罪した点が特徴的である。一方、「殺人罪の共犯とされたことを納得することができず、殺人罪を実行していないとの信念のために悩んでいた」のように（整理番号25）、事実認定に不満があったことを窺わせる記述もある。

(B)**死刑執行直前の発言**

　また、死刑執行直前の発言について記載した例も多い。「辞世の句として8つの句を残した」という例（整理番号43）、「辞世の句として、春風が木の新しい芽を通り抜けていくがこの場所に吹き抜けることはないという句を残した」という例（整理番号45）、辞世の短歌を残した例（整理番号39、46）、別れの詩を残した例（整理番号28）などがある。また、「同日に同人の人生が終わり、空に浮かぶ雲が同人の故郷へと帰っていくという日本の詩を遺言とした」という例（整理番号21）や、「執行に際して、同人が幼少期から歌ってきた"Avenue of Life"の歌を歌うことを求め、許された。同人は当所の全職員に感謝の言葉を述べ、当所の首席矯正処遇官に宛てて、『春の花に覆われて』という別れの詩を送り、その後、執行の踏み板に進んだ」という例（整理番号14）もある。これらについては、「（日本の）詩」とあるが、詠まれたものが俳句又は短歌であった可能性が高い。興味深いものとしては、「賭博行為の結果として重罪を犯したことから、自らの子全員が賭博犯罪に決して手を染めないよう述べて遺言とした」という例がある（整理番号35）。また、「新憲法公布の3度目の記念日が近づく中、同人に対する執行が新しい刑事訴訟法の下で判決が言渡された最初の執行であるということに大きな意義があると考えている」とする例（整理番号16）もある。

　さらに、「職員に心から感謝の言葉を述べた」など処遇に当たった職員に礼を述べる例も散見できる（整理番号07、24、27、43、45）。興味深いものとしては、「日本人の被収容者と同様に韓国人である同人が処遇されたことについて当所の職員の愛に感謝の言葉を述べた」という例がある（整理番号25）。

(C)**手続についての記載**

　このほか、手続について記載した例もある。恩赦の出願を行なったことを記載した例（整理番号11、38、40）や、「手続上のあらゆる救済手段の申立てを行っ

た」とする例（整理番号42）などがある。また、共犯者の量刑について記載した例もある（整理番号38、41）。

以上のように、死刑執行始末書の記載からは、実際に執行に当たる現場の職員が被執行者と真摯に向き合っていたことが窺われる。

(2) 死刑執行に関するGHQ／SCAPの覚書

次に、死刑執行に関するGHQ／SCAPの覚書は、5種類ある。

1つ目は、タイプライターで作成されたものであり、被執行者の氏名、年齢、執行年月日、執行施設の順で33名分記載されている。死刑執行年月日は、1949年1月17日乃至同年11月25日であり、今回入手した文書の中に「死刑執行始末書」が見当たらないものが数多く含まれている（本書142頁）。

2つ目も、タイプライターで作成されたものであり、氏名、本籍地、国籍、従軍経験の有無、婚姻状態、前科、犯罪発生年月日、犯罪発生場所、被害者数、犯罪認知年月日、共犯者数、殺害方法又は凶器、逮捕年月日、公訴提起年月日、予審年月日[*13]、第1審判決年月日、控訴審判決年月日、上告審判決年月日、判決確定年月日、死刑執行年月日、執行施設、逮捕から死刑執行までの期間の順で33名分記載されている。死刑執行年月日は、1948年1月27日乃至同年12月24日であり、今回入手した文書の中に「死刑執行始末書」が見当たらないものが数多く含まれている（本書144〜147頁）。

3つ目も、タイプライターで作成されたものであり、氏名、執行年月日、年齢、従軍経験の有無、婚姻状態、前科、共犯者、犯行の動機、殺害方法又は凶器、被殺者数、殺人に関わる罪名の順で33名分記載されている。死刑執行年月日は、1948年1月27日乃至同年12月24日であり、その対象者は2つ目の覚書と同一である（本書143頁）。

4つ目は、手書きで作成されたものであり、氏名、従軍経験の有無、婚姻状態、前科による受刑状況、有罪立証の方法、犯行の動機、共犯者、殺害方法、被殺者数、年齢、罪名、犯行年月日、犯罪認知年月日、公訴提起年月日、予審年月日、第1審判決年月日、控訴審判決年月日、上告審判決年月日、判決確定年月日、死刑執行年月日の順で35名分記載されている。但し、うち3名につい

ては棒線で削除されている。死刑執行年月日は、1948年6月15日乃至同年12月24日であり、その対象者は2つ目と3つ目の覚書と一部が重なっている（本書148～149頁）。

5つ目も、手書きで作成されたものであり、氏名、死刑執行年月日、年齢、施行施設の順で少なくとも31名分記載されている。死刑執行年月日は、1948年7月13日乃至1949年12月15日であり、その対象者は1つ目乃至4つ目の覚書と一部が重なっている（本書150頁）。

死刑執行に関するGHQ／SCAPの覚書からは、GHQ／SCAPが死刑執行について、一定以上の関心を有していたことが窺われる。その理由としては、我が国において死刑が濫用されていないかという人権上の懸念があったことも考えられよう。

4 「刑務所―死刑判決と執行」の分析

今回発見された46件の「死刑執行始末書」をもとに死刑執行の実情に迫ることとしたい。

(1) 執行年月日

第一に、執行年月日を見ると、最も早いものが1948年（昭和23）年7月13日（整理番号01、02）であり、最も遅いものが1951（昭和26）年3月20日（整理番号46）であった。このうち、1948（昭和23）年が2件、1949（昭和24）年が5件、1950（昭和25）年が27件、1951（昭和26）年が12件であった。1950（昭和25）年の死刑執行は33件であり、そのうちの大半が今回確認できたこととなる。

(2) 執行開始時刻

第二に、執行開始時刻を見ると、最も早いものは9時19分であった（整理番号20）。これに対して、最も遅いものは14時39分であった（整理番号46）。

(3) 複数件の死刑執行

　第三に、同一日に同一の施設において複数件の死刑を執行していたことが確認できた（整理番号01及び02、03乃至05、08及び10、09及び11、14及び15、24及び25、36及び37、38及び39）。このうち、午前と午後に分けて執行したものがあるものの（整理番号14及び15、24及び25）、多くは午前中に執行を終えている。午前中に複数件の執行を終える場合、先執行の執行終了時刻と後執行の執行開始時刻の間隔が30分乃至1時間程度であることが多いが、中にはその間隔が18分35秒というものもある（整理番号3及び4）。この時刻が正確であるとすれば、絞首台が複数存在する可能性も否定できない。

(4) 執行施設別

　第四に、執行施設別に見ると、宮城刑務所が最も多く20件、次いで大阪拘置所が13件、福岡刑務所が9件、名古屋刑務所が3件、札幌刑務所が1件となっている。宮城刑務所が多いのは、東京矯正管区内に当時は刑場がなく、宮城刑務所で執行していたためである。

(5) 絞首して死亡させるために要する時間

　第五に、執行終了時刻が判読不可能な1件を除いた45件のうち、執行開始時刻と執行終了時刻から死刑確定者を絞首して死亡させるために要する時間を算出すると、最も短いものは10分55秒（整理番号19）、最も長いものは21分00秒（整理番号35）であった。最も長いものは最も短いものの2倍程度の時間を要していることが明らかとなった。死刑確定者を絞首して死亡させるために要する時間の中央値（23番目の値）は14分00秒であり、単純平均は14分15秒であった。この時間は、これまで死刑執行に携わった職員が述べてきた数字とほぼ一致する[*14]。絞首して死亡させるために要する時間が公文書により明らかにされたのは日本で初めてである。

　ここで問題となるのは、執行開始時刻と執行終了時刻をどのように決めているのかということである。この点については、今回発見された文書に記載はなく、推測するほかない。まず、被執行者の足元の床が開き、被執行者の身体が

地下に落下し、ロープが頸部に接した時刻である可能性があるものの、計測を担当する職員が確認することができない位置であろうことから、執行開始時刻が被執行者の足元の床が開いた時刻であることはほぼ間違いがないであろう。次に、執行終了時刻は、死体が縄から外されて地下の床に下された時刻であると考えられなくはない。しかし、今回発見された文書が作成された時期に大阪拘置所長を務めており、その文書にも氏名が登場する玉井策郎氏の著書によれば、被執行者の身体の痙攣などが終息した後、医官が被執行者の死亡を確認した時点であると考えられる。[*15]

　従って、被執行者を絞首して死亡させるために平均14分余りを要し、さらに幾ばくかの時間にわたって被執行者の身体は縄に吊り下げられていることになる。このような執行方法が「残虐な刑罰」に当たるのか否かが問われることとなる。

　また、絞首して死亡させるために要する時間には約2倍、時間にして10分程度の開きがある。このような時間の開きがある原因として2つの理由が考えられる。

　まず、①執行終了時刻の決定に当たり、慎重を期して行なっている事例があるためであるということが考えられる。次に、②執行に当たり、その成否が生じやすいことが考えられる。すなわち、縄が頸部にうまくかからなかったり、縄の太さや長さが被執行者の体重などと対応していなかったりするために、被執行者に苦痛を与え、速やかに死に至らしめることができなかった事例が存在することが考えられる。

　ここで、執行施設別の死刑確定者を絞首して死亡させるために要する時間を比較すると、福岡刑務所の8件の平均13分19秒、宮城刑務所の20件の平均13分25秒、大阪拘置所の13件の平均が15分4秒と開きがあり、名古屋刑務所に至っては3件の平均が18分40秒と大きな差が認められる。ここからは、執行終了時刻の決定に「癖」があったことを窺わせる。もっとも、同一の施設においても開きがあることから、執行の成否が分かれたことも推察される。このように、執行の成否が分かれるような執行方法が「残虐な刑罰」に当たらないのか、さらには「法の下の平等」に反しないのかも問題となろう。

5 「110番　宮城刑務所、東北地方宮城県仙台市」の内容

　「110番　宮城刑務所、東北地方宮城県仙台市」は、宮城刑務所の事務分掌や職員構成など雑多な文書からなっている。

　このうち、死刑執行に関係するのは、宮城刑務所の「建物配置圖　附　耕耘地」とされる文書である。この文書は、敷地内の建物の配置図とその建物の名称などが記載された表からなっている。この表は、建物の名称などが記載された表番号、名称、構造、坪数、備考の順で記載されている。坪数については、アールと坪の2つの単位で表記されている。

　「建物配置圖　附　耕耘地」によれば、死刑執行に関係すると思われる建物は3棟ある。

　まず、61番として、死刑執行所が記載されている。構造は、木造平屋造とされており、坪数は8坪、0.26アールとされている。他の建物の中には、木造二階造などの記述も見られることから、木造平屋造は、文字通り、1階建てを示すものと考えられる。この記述からは、当時、地下掘割式が採用されていなかったのではないかという疑問が生じる。また、地下掘割式が採用されていたとしても、その刑場を木造平屋造と表現することは正確ではなかったのではないかという疑問も否定できない。

　死刑執行所とされる建物は、敷地の外塀に隣接した一画にある。建物配置図には、この建物のみ、実線で記された建物の外縁の周囲に点線が描かれており、施設内でも立入りが制約された区域であった可能性がある。その詳細な場所については、現在も同一の場所に刑場が置かれている可能性があり、保安上の問題がないわけではないと考えられるため、本書で記載することは差し控える。

　続いて、62番として、屍室が記載されている。構造は同じく木造平屋造とされており、坪数は2坪、0.07アールとされている。

　屍室とされる建物は死刑執行所とされる建物のすぐ東にある。屍室という名称とこの建物が死刑執行所に隣接して配置されていることからすると、屍室は、死刑執行後に被執行者の遺体を仮に安置しておくために利用されていたと考え

られる。

　最後に、60番として、隔離室が記載されている。構造は、木造平屋造とされており、坪数は11坪、0.36アールとされている。備考として、雑居であるとされており、4坪、0.13アールと3坪、0.1アールの部屋があることが記されている。従って、4坪のものが1部屋、3坪のものが2部屋あったと考えられる。

　隔離室とされる建物は死刑執行所とされる建物のすぐ北にある。隔離室という名称からその利用目的は判然としないものの、この建物が一般の舎房とはかなり離れた場所に設けられ、死刑執行所に隣接して配置されていることからすると、隔離室は死刑執行を控えた被執行者を一時的に収容しておくために利用されていた可能性がある。

　このほか、刑場が設置されていた札幌刑務所[*16]、名古屋刑務所[*17]、福岡刑務所[*18]に関する文書も存在したものの、宮城刑務所のような建物配置図は確認できなかった。

6　総括

　今回発見された文書が示す内容のみから、絞首刑が「残虐な刑罰」であると判断することは困難である。絞首刑が「残虐な刑罰」であるのか、「残虐な刑罰」に当たらないとしても死刑の最善の執行方法であるのかについて判断するためには、より多くの情報が必要である。

　死刑の内実の一端が日本で初めて明らかにされたことにより、人の生命を奪う死刑という刑罰が是か非かというこれまでなされてきた抽象的観念的な議論だけでなく、死刑執行の在り方に関する具体的な議論が深化し、死刑制度、特にその残虐性に関する議論が進展することが期待される。

　死刑執行の内実の全てを秘密のベールの向こう側に隠しておくことはできなくなった。法務省の積極的な情報公開を今一度期待したい。

＊1　最大判昭23年3月12日刑集2巻3号191頁。最大判昭30年4月6日刑集9巻4号663頁も同旨。
＊2　最大判昭23年6月23日刑集2巻7号777頁。
＊3　最判平5年9月21日裁判集刑事262号421頁。
＊4　小野清一郎『ポケット註釈全書　改訂監獄法』（有斐閣、1970年）464頁。
＊5　最大判昭36年7月19日刑集15巻7号1106頁。
＊6　最判平23年11月18日裁判集刑305号1頁。その詳細については、中川智正弁護団ほか編著『絞首刑は残虐な刑罰ではないのか？──新聞と法医学が語る真実──』（現代人文社、2011年）参照。
＊7　大阪地判平23年10月31日公刊物未登載。
＊8　RG 331, National Archives and Records Service.
＊9　分類番号は424番とされている。
＊10　分類番号9424番とされている。
＊11　現在の法務省の前身と言ってよいものであり、その長は後述の法務総裁であった。法務総裁は、アメリカ合衆国の司法長官（Attorney-General）に類するものとされており、本件文書中のAttorney-Generalは、法務総裁を指すものと考えられる。また、法務総裁を長とする官庁であるため、Attorney-General's Office (AGO)は、法務府を指すものと考えられる。
＊12　実際上、殺人罪と尊属殺人罪による死刑が減刑の対象となった。
＊13　当時は、旧刑事訴訟法（大正11年法律第75号。大正刑事訴訟法）が施行されていた。
＊14　玉井策郎『死と壁──死刑はかくして執行される──』（創元社、1953年）205頁では、14分10秒を要した事例が紹介されている。最大判昭30年4月6日に影響を与えたと考えられる鑑定を行なった古畑種基博士は、その鑑定書において、福岡刑務所における死刑執行の際の死刑執行時間と命終時間を表にしている。向井璋悦『死刑廃止論の研究』（法学書院、1970年）424頁以下、431～432頁参照。死刑執行時間と命終時間の差は、鑑定書に掲載されている順に、①17分00秒、②11分00秒、③8分30秒、④14分00秒、⑤13分40秒、⑥15分00秒、⑦12分00秒、⑧13分00秒、⑨18分33秒、⑩13分30秒、⑪14分00秒、⑫37分00秒、⑬13分20秒、⑭14分00秒、⑮12分20秒、⑯4分35秒、⑰13分45秒、⑱12分30秒、⑲12分37秒、⑳21分40秒である。このうち、⑨乃至⑯は本書に掲載した死刑執行始末書と対応していると考えられる執行である。⑩（整理番号09）及び⑪（整理番号13）は数値が完全に一致しているものの、他の執行は一致していない。具体的には、⑨鑑定書では命終時間が11時46分33秒であるのに対して本書の資料では執行終了時刻が11時42分33秒（整理番号11）、⑫鑑定書では執行年月日と執行時間が昭和25年5月15日10時30分であるのに対して本書の資料では執行年月日と執行開始時刻が5月17日10時5?分（整理番号22）、⑬鑑定書では執行時間が10時30分であるのに対し

て本書の資料では執行開始時刻が10時32分（整理番号23）、⑭鑑定書では命終時間が11時14分であるのに対して本書の資料では執行終了時刻が11時14分40秒（整理番号30）、⑮鑑定書では執行時間が10時38分20秒であるのに対して本書の資料では執行終了時刻が10時38分（整理番号31）、⑯鑑定書では執行時間が10時31分で命終時間が10時35分35秒であるのに対して本書の資料では執行開始時刻が10時21分で執行終了時刻が10時35分30秒（整理番号26）である。古畑博士に提供された資料が提示されておらず、これらの数値が真正なものであるか確認することもできず、資料としての価値は大きくないと考えざるを得ない。また、古畑種基「死刑執行方法に関する法医学的考察」法律のひろば6巻6号22頁以下、26頁は、「1回目が成功せずして再度縄をかけ直して執行したような例は1つもなかつた。……ある刑務所で、絞首刑の絶命までに要した時間を調査したところでは、8分以内に絶命したものが3例、10分から15分以内に絶命したものが12例で、17分で絶命したものが1例、21分40秒で絶命したものが1例あつた」とする。件数の内訳が一致しないことから、注14で示した福岡刑務所ではないと考えられるが、なぜここでは別の執行施設の数値が挙げられているのか不明であり、鑑定結果に都合のよい数値を選んでいるのではないかという疑問が払拭できない。ここでもまた、古畑博士に提供された資料が提示されておらず、これらの数値が真正なものであるか確認することもできず、資料としての価値は大きくないと考えざるを得ない。

*15　玉井・前掲注14書202～206頁。また、古畑種基博士は、その鑑定書において、「命終時間」と記載している。向井・前掲注14書431～432頁参照。

*16　連合国最高司令官総司令部参謀第2部が保管していたものである。連合国最高司令官総司令部記録のボックス番号347番、フォルダ番号12番であり、わが国の国立国会図書館が付したフォルダの表題は「札幌刑務所（Sapporo Prison）」である。原本が作成又は保管された時期は1950年8月と表記されている。分類番号9424番とされている。

*17　2つ存在する。1つ目は、連合国最高司令官総司令部民事局（Civil Affairs Section）が保管していたものである。連合国最高司令官総司令部記録のボックス番号2324番、フォルダ番号7番であり、わが国の国立国会図書館が付したフォルダーの表題は「名古屋刑務所（Nagoya Prison）」である。原本が作成又は保管された時期はそれぞれ1949年9月乃至11月と表記されている。分類番号9424番とされている。2つ目は、連合国最高司令官総司令部参謀第2部が保管していたものである。連合国最高司令官総司令部記録のボックス番号345番、フォルダ番号1番及び5番であり、わが国の国立国会図書館が付したフォルダの表題は「名古屋刑務所本庁（Nagoya Main Prison）」である。原本が作成又は保管された時期はそれぞれ1950年6月及び9月と表記されている。分類番号9424番とされている。

*18　連合国最高司令官総司令部参謀第2部が保管していたものである。連合国最高

司令官総司令部記録のボックス番号341番、フォルダ番号8番であり、わが国の国立国会図書館が付したフォルダの表題は「94番　福岡刑務所、九州地方福岡県福岡市（Fukuoka P. Fukuoka, Fukuoka Prefecture, Kyushu 94)」である。原本が作成又は保管された時期は1946年5月乃至1948年12月と表記されている。分類番号9424番とされている。

表1　死刑執行順一覧

整理番号	イニシャル姓名	執行年月日	執行開始時刻	執行終了時刻	執行所要時間	執行施設
1	KY	1948/7/13	9:53:00	10:05:00	12:00	宮城刑務所
2	SK	1948/7/13	10:47:00	11:02:00	15:00	宮城刑務所
3	ST	1949/11/9	9:37:00	9:53:25	15:25	宮城刑務所
4	SY	1949/11/9 ?	10:12:00	10:30:40	18:40	宮城刑務所
5	ST	1949/11/9	10:56:20	11:13:00	16:40	宮城刑務所
6	YMことRG	1949/11/25	10:17:00	10:35:00	18:00	名古屋刑務所
7	NK	1949/11/30	11:07:00	11:20:55	13:55	大阪拘置所
8	ES	1950/1/20	10:01:00	10:14:50	13:50	宮城刑務所
9	KTJことTE	1950/1/20	10:20:00	10:33:30	13:30	福岡刑務所
10	FJ	1950/1/20	10:48:00	11:00:32	12:32	宮城刑務所
11	SHKことMK	1950/1/20	11:28:00	11:42:33	14:33	福岡刑務所
12	AR	1950/1/31	9:57:00	10:11:15	14:15	宮城刑務所
13	TBことGBR	1950/2/15	10:00:00	10:14:00	14:00	福岡刑務所
14	MM	1950/4/5	10:37:30	? 10:53:26	? 15:56	大阪拘置所
15	NA ?	1950/4/5	13:37:00	13:50:20	13:20	大阪拘置所
16	HY	1950/4/26	10:34:00	10:48:15	14:15	大阪拘置所
17	MS	1950/4/27	9:33:00	? 9:48:30	? 15:30	宮城刑務所
18	FK	1950/5/9	10:44:50	11:02:00	17:10	大阪拘置所
19	SI	1950/5/10	10:04:00	10:14:55	10:55	宮城刑務所
20	KS	1950/5/12	9:19:00	? 9:36:00	? 17:00	大阪拘置所
21	KE	1950/5/16	10:02:00	10:15:45	13:45	宮城刑務所
22	NJ ?	1950/5/17	10:5?:?0	11:07:00	??	福岡刑務所
23	KS	1950/6/14	10:32:00	10:43:20	11:20	福岡刑務所
24	HT	1950/6/15	10:51:00	11:11:00	20:00	大阪拘置所
25	RCHことIC	1950/6/15	13:54:00	14:07:00	13:00	大阪拘置所
26	WD	1950/7/5	10:21:00	10:35:30	14:30	福岡刑務所
27	SU	1950/7/5	10:34:00	10:48?:10	? 14:10	大阪拘置所
28	TM	1950/7/13 ?	10:37:00	10:52:10	15:10	大阪拘置所
29	OF	1950/8/9	10:37:00	10:54:00	17:00	名古屋刑務所
30	CT	1950/8/10	11:00:00	11:14:40	14:40	福岡刑務所
31	FK	1950/8/17	10:26:00	10:38:00	12:00	福岡刑務所
32	OY	1950/8/18	10:09:00	10:21:41	12:41	宮城刑務所
33	SH	1950/9/12	10:06:00	10:17:00	11:00	宮城刑務所
34	YK	1950/10/10	10:18:00	10:30:00	12:00	福岡刑務所
35	OことRK	1951/1/16	10:45:00	11:06:00	21:00	名古屋刑務所
36	NR	1951/1/23	9:44:00	9:55:00	11:00	宮城刑務所
37	TH	1951/1/23	10:41:00	10:53:00	12:00	宮城刑務所
38	IH	1951/1/25	9:48:00	10:00:00	12:00	宮城刑務所
39	TA	1951/1/25	11:01:00	11:15:00	14:00	宮城刑務所
40	KT	1951/1/29	9:44:00	9:55:00	11:00	宮城刑務所
41	TT	1951/2/2	9:54:00	10:05:00	11:00	宮城刑務所
42	KKことFK	1951/2/16	10:37:00	10:52:00	15:00	大阪拘置所
43	YSことHS	1951/2/16	14:08:00	14:24:00	16:00	大阪拘置所
44	KT	1951/2/20	11:41:00	11:55:00	14:00	札幌刑務所
45	ST	1951/3/9	10:45:00	10:59:00	14:00	大阪拘置所
46	KS	1951/3/20	14:39:00	14:53:00	14:00	大阪拘置所

特記事項
通称名と戸籍名が反対？ 起案書と報告書で氏名に齟齬。「大韓民国籍の者に対して下された判決の再検討」の対象
通称名と戸籍名が反対？ 「大韓民国籍の者に対して下された判決の再検討」の対象
起案書と報告書で氏名に齟齬 当初の執行予定日は1950年4月25日
通称名と戸籍名が反対？ 報告書の氏名は誤記か？
起案書と報告書で氏名に齟齬
起案書と報告書で氏名に齟齬

表1 死刑執行順一覧

表2　死刑執行所要時間別一覧

整理番号	イニシャル姓名	執行年月日	執行開始時刻	執行終了時刻	執行所要時間	執行施設
19	SI	1950/5/10	10:04:00	10:14:55	10:55	宮城刑務所
33	SH	1950/9/12	10:06:00	10:17:00	11:00	宮城刑務所
36	NR	1951/1/23	9:44:00	9:55:00	11:00	宮城刑務所
40	KT	1951/1/29	9:44:00	9:55:00	11:00	宮城刑務所
41	TT	1951/2/2	9:54:00	10:05:00	11:00	宮城刑務所
23	KS	1950/6/14	10:32:00	10:43:20	11:20	福岡刑務所
1	KY	1948/7/13	9:53:00	10:05:00	12:00	宮城刑務所
31	FK	1950/8/17	10:26:00	10:38:00	12:00	福岡刑務所
34	YK	1950/10/10	10:18:00	10:30:00	12:00	福岡刑務所
37	TH	1951/1/23	10:41:00	10:53:00	12:00	宮城刑務所
38	IH	1951/1/25	9:48:00	10:00:00	12:00	宮城刑務所
10	FJ	1950/1/20	10:48:00	11:00:32	12:32	宮城刑務所
32	OY	1950/8/18	10:09:00	10:21:41	12:41	宮城刑務所
25	RCHことIC	1950/6/15	13:54:00	14:07:00	13:00	大阪拘置所
15	NA？	1950/4/5	13:37:00	13:50:20	13:20	大阪拘置所
9	KTJことTE	1950/1/20	10:20:00	10:33:30	13:30	福岡刑務所
21	KE	1950/5/16	10:02:00	10:15:45	13:45	宮城刑務所
8	ES	1950/1/20	10:01:00	10:14:50	13:50	宮城刑務所
7	NK	1949/11/30	11:07:00	11:20:55	13:55	大阪拘置所
13	TBことGBR	1950/2/15	10:00:00	10:14:00	14:00	福岡刑務所
39	TA	1951/1/25	11:01:00	11:15:00	14:00	宮城刑務所
44	KT	1951/2/20	11:41:00	11:55:00	14:00	札幌刑務所
45	ST	1951/3/9	10:45:00	10:59:00	14:00	大阪拘置所
46	KS	1951/3/20	14:39:00	14:53:00	14:00	大阪拘置所
27	SU	1950/7/5	10:34:00	10:48?:10	?14:10	大阪拘置所
12	AR	1950/1/31	9:57:00	10:11:15	14:15	宮城刑務所
16	HY	1950/4/26	10:34:00	10:48:15	14:15	大阪拘置所
26	WD	1950/7/5	10:21:00	10:35:30	14:30	福岡刑務所
11	SHKことMK	1950/1/20	11:28:00	11:42:33	14:33	福岡刑務所
30	CT	1950/8/10	11:00:00	11:14:40	14:40	福岡刑務所
2	SK	1948/7/13	10:47:00	11:02:00	15:00	宮城刑務所
42	KKことFK	1951/2/16	10:37:00	10:52:00	15:00	大阪拘置所
28	TM	1950/7/13？	10:37:00	10:52:10	15:10	大阪拘置所
3	ST	1949/11/9	9:37:00	9:53:25	15:25	宮城刑務所
17	MS	1950/4/27	9:33:00	?9:48:30	?15:30	宮城刑務所
14	MM	1950/4/5	10:37:30	?10:53:26	?15:56	大阪拘置所
43	YSことHS	1951/2/16	14:08:00	14:24:00	16:00	大阪拘置所
5	ST	1949/11/9	10:56:20	11:13:00	16:40	宮城刑務所
20	KS	1950/5/12	9:19:00	?9:36:00	?17:00	宮城刑務所
29	OF	1950/8/9	10:37:00	10:54:00	17:00	名古屋刑務所
18	FK	1950/5/9	10:44:50	11:02:00	17:10	大阪拘置所
6	YMことRG	1949/11/25	10:17:00	10:35:00	18:00	名古屋刑務所
4	SY	1949/11/9？	10:12:00	10:30:40	18:40	宮城刑務所
24	HT	1950/6/15	10:51:00	11:11:00	20:00	大阪拘置所
35	OことRK	1951/1/16	10:45:00	11:06:00	21:00	名古屋刑務所
22	NJ？	1950/5/17	10:5?:?0	11:07:00	??	福岡刑務所

特記事項
当初の執行予定日は1950年4月25日
起案書と報告書で氏名に齟齬
通称名と戸籍名が反対？
通称名と戸籍名が反対？ 起案書と報告書で氏名に齟齬。「大韓民国籍の者に対して下された判決の再検討」の対象
起案書と報告書で氏名に齟齬
報告書の氏名は誤記か？
通称名と戸籍名が反対？ 「大韓民国籍の者に対して下された判決の再検討」の対象
起案書と報告書で氏名に齟齬

表2　死刑執行所要時間別一覧

表3　死刑執行施設別一覧

整理番号	イニシャル姓名	執行年月日	執行開始時刻	執行終了時刻	執行所要時間	執行施設
25	RCHことIC	1950/6/15	13:54:00	14:07:00	13:00	大阪拘置所
15	NA？	1950/4/5	13:37:00	13:50:20	13:20	大阪拘置所
7	NK	1949/11/30	11:07:00	11:20:55	13:55	大阪拘置所
45	ST	1951/3/9	10:45:00	10:59:00	14:00	大阪拘置所
46	KS	1951/3/20	14:39:00	14:53:00	14:00	大阪拘置所
27	SU	1950/7/5	10:34:00	10:48?:10	?14:10	大阪拘置所
16	HY	1950/4/26	10:34:00	10:48:15	14:15	大阪拘置所
42	KKことFK	1951/2/16	10:37:00	10:52:00	15:00	大阪拘置所
28	TM	1950/7/13？	10:37:00	10:52:10	15:10	大阪拘置所
14	MM	1950/4/5	10:37:30	?10:53:26	?15:56	大阪拘置所
43	YSことHS	1951/2/16	14:08:00	14:24:00	16:00	大阪拘置所
18	FK	1950/5/9	10:44:50	11:02:00	17:10	大阪拘置所
24	HT	1950/6/15	10:51:00	11:11:00	20:00	大阪拘置所
44	KT	1951/2/20	11:41:00	11:55:00	14:00	札幌刑務所
29	OF	1950/8/9	10:37:00	10:54:00	17:00	名古屋刑務所
6	YMことRG	1949/11/25	10:17:00	10:35:00	18:00	名古屋刑務所
35	OことRK	1951/1/16	10:45:00	11:06:00	21:00	名古屋刑務所
23	KS	1950/6/14	10:32:00	10:43:20	11:20	福岡刑務所
31	FK	1950/8/17	10:26:00	10:38:00	12:00	福岡刑務所
34	YK	1950/10/10	10:18:00	10:30:00	12:00	福岡刑務所
9	KTJことTE	1950/1/20	10:20:00	10:33:30	13:30	福岡刑務所
13	TBことGBR	1950/2/15	10:00:00	10:14:00	14:00	福岡刑務所
26	WD	1950/7/5	10:21:00	10:35:30	14:30	福岡刑務所
11	SHKことMK	1950/1/20	11:28:00	11:42:33	14:33	福岡刑務所
30	CT	1950/8/10	11:00:00	11:14:40	14:40	福岡刑務所
22	NJ？	1950/5/17	10:5?:?0	11:07:00	??	福岡刑務所
19	SI	1950/5/10	10:04:00	10:14:55	10:55	宮城刑務所
33	SH	1950/9/12	10:06:00	10:17:00	11:00	宮城刑務所
36	NR	1951/1/23	9:44:00	9:55:00	11:00	宮城刑務所
40	KT	1951/1/29	9:44:00	9:55:00	11:00	宮城刑務所
41	TT	1951/2/2	9:54:00	10:05:00	11:00	宮城刑務所
1	KY	1948/7/13	9:53:00	10:05:00	12:00	宮城刑務所
37	TH	1951/1/23	10:41:00	10:53:00	12:00	宮城刑務所
38	IH	1951/1/25	9:48:00	10:00:00	12:00	宮城刑務所
10	FJ	1950/1/20	10:48:00	11:00:32	12:32	宮城刑務所
32	OY	1950/8/18	10:09:00	10:21:41	12:41	宮城刑務所
21	KE	1950/5/16	10:02:00	10:15:45	13:45	宮城刑務所
8	ES	1950/1/20	10:01:00	10:14:50	13:50	宮城刑務所
39	TA	1951/1/25	11:01:00	11:15:00	14:00	宮城刑務所
12	AR	1950/1/31	9:57:00	10:11:15	14:15	宮城刑務所
2	SK	1948/7/13	10:47:00	11:02:00	15:00	宮城刑務所
3	ST	1949/11/9	9:37:00	9:53:25	15:25	宮城刑務所
17	MS	1950/4/27	9:33:00	?9:48:30	?15:30	宮城刑務所
5	ST	1949/11/9	10:56:20	11:13:00	16:40	宮城刑務所
20	KS	1950/5/12	9:19:00	?9:36:00	?17:00	宮城刑務所
4	SY	1949/11/9？	10:12:00	10:30:40	18:40	宮城刑務所

特記事項
通称名と戸籍名が反対？
起案書と報告書で氏名に齟齬
起案書と報告書で氏名に齟齬
起案書と報告書で氏名に齟齬
通称名と戸籍名が反対？ 起案書と報告書で氏名に齟齬。「大韓民国籍の者に対して下された判決の再検討」の対象
報告書の氏名は誤記か？
通称名と戸籍名が反対？ 「大韓民国籍の者に対して下された判決の再検討」の対象
当初の執行予定日は1950年4月25日

資料
日本の死刑執行に関するGHQ／SCAP文書

●死刑執行始末書【整理番号01】

宮城刑務所
1948年7月14日

宛先： 法務府矯正保護局長　古橋浦四郎様
件名： 死刑判決執行に関する報告

氏名： ○○○　○○○。
生年月日： 1923年3月5日
本籍地： ○○県○○市○○町○○番地。
現住所： ○○県○○郡○○町○○。
職業： 造船職員。
罪名： 強盗、殺人及び強盗未遂。
判決日及び裁判所：
　　第1審： 1946年11月28日　長野地方裁判所松本支部。
　　第2審： 1947年8月11日　東京高等裁判所。
　　判決確定： 1947年9月20日
前科： なし
執行日： 1948年7月13日午前9時53分～午前10時05分。
執行立会者：仙台地方検察庁検察官　○○○　○○○。
　　　　　　仙台地方検察庁事務官　○○○　○○○。
遺体の取扱： 同人の遺体を受け取るよう電報が同人の父○○○　○○○に送られた。○○○　○○○は同人の遺体を引き取りに来た。それゆえ、遺体は○○○　○○○に引き渡された。
存命中の通信： 面会： 同人の養母○○○　○○○と2回。
特記事項： なし

かわかみ　いさむ
仙台市、宮城刑務所長

（くらた氏による翻訳）

MIYAGI PRISON

July 14, 1948

To: Urashiro Furuhashi, Director of B/CRAGA, AG OFFICE
Subject: Report on execution.

Name: ███████ ███████
Birth: March 5, 1923
Domicile: ████████chi, ████████ city, ████ Prefecture.
Address: ████████chi, ████ gun, ████████ Prefecture.
Occupation: Worker of Shipyard,
Name of Crime: Robbery, Murder and Attempt Murder.
Court and Date of Decision:
    1st Instance - November 28, 1946 at Nagano District Court, Matsumoto Branch.
    2nd Instance - August 11, 1947 at Tokyo High Court.
    Date of irrevocable decision: September 20, 1947
Previous Conviction: None
Date of Execution: July 13, 1948 from 9.53 a.m. to 10.05 a.m.
Witness at the execution: ████████, a public procurator at Sendai Procurator Office.
    ████████, Secretary at the same office.
Treatment of the corpse: Telegram was sent to ████████, his father to receive the corpse. ████████ came to receive it, therefore the corpse was handed to him.
Communication while in life: Reception: Twice with his step mother, ████████.

Remarks: None

                                    Isamu   Kawakami
                                Warden of Miyagi Prison, Sendai

(Translated by Mr. Kuwata)

●死刑執行始末書【整理番号02】

宮城刑務所

1948年7月14日

宛先： 法務府矯正保護局長　古橋浦四郎様
件名： 死刑判決執行に関する報告

氏名： ○○○　○○○。
生年月日： 1922年8月8?日
本籍地： ○○市○○区○丁目○○町○○番地。
現住所： ○○市○○区○丁目○○町○○番地。
職業： 占領軍吏員。
罪名： 強盗殺人及び強盗未遂。
判決日及び裁判所：
　第1審： 1946年11月28日　長野地方裁判所松本支部。
　第2審： 1947年8月11日　東京高等裁判所。
　判決確定： 1947年8月23日
前科： なし
執行日： 1948年7月13日午前10時47分～午前11時02分。
執行立会者： 仙台地方検察庁検察官　○○○　○○○。
　　　　　　仙台地方検察庁事務官　○○○　○○○。
遺体の取扱： 同人の遺体を受け取るよう電報が○○○　○○○（同人の父）に2回送られた。しかし、返答はなかった。それゆえ、遺体は○○大学に送られた。
存命中の通信： 面会： 同人の父と1回。
特記事項： なし

かわかみ　いさむ
仙台市、宮城刑務所長

（くらた氏による翻訳）

MIYAGI PRISON

July 14, 1948

To: Urashiro Furuhashi, Director of B/GRAGA, AG OFFICE

Subject: Report on execution.

Name: ▓▓▓▓▓▓

Birth: August 8, 1922

Domicile: ▓▓▓shi ▓▓▓cho ▓ chome, ▓▓ku, ▓▓ City.

Address: ▓▓▓shi ▓▓▓cho ▓chome, ▓▓, ▓▓ City.

Occupation: Employee of Occupation Forces.

Name of Crime: Robbery & Murder, and Attempt Murder.

Court and date of decision:

   1st Instance - November 28, 1946 at Matsumoto Branch of Nagano District Court.

   2nd " - August 11, 1947 at Tokyo High Court.

Date of irrevocable decision: August 23, 1947

Previous Conviction: None

Date of Execution: July 13, 1948 from 10.47 a.m. to 11.02 a.m.

Witness at the execution: ▓▓▓▓▓▓, public procurator at Sendai Public Procurator Office.

   ▓▓▓▓▓▓, Secretary at the same office.

Treatment of the corpse: Telegram was sent twice to ▓▓▓▓▓▓ (father) to receive the corpse. But no reply. Therefore the corpse was sent to the Medical College of ▓▓▓ University.

Communication while in life: Reception: one time with his father.

Remarks: None

                                            Isamu Kawakami

                                        Warden of Miyagi Prison, Sendai.

(Translated by Mr. Kurata)

●死刑執行始末書【整理番号03】

宮城刑務所
1949年11月15日　（1949年12月17日にP. B.に送達）

宛先：　法務府矯正保護局長　古橋浦四郎様
差出人：　宮城刑務所長　くもん　たけし
件名：　死刑判決執行に関する報告

氏名：　○○○　○○○。（男性）
年齢：　27歳。
本籍地：　○○県○○郡○○村大字○○字○○××番地。
現住所：　同上。
職業：　農業。
罪名：　強盗致死。
判決日及び裁判所：
　　第1審：　1948年4月12日　福島地方裁判所若松支部。
　　第2審：　1948年12月11日　仙台高等裁判所。
　　確定：　1948年12月17日。
前科：　なし。
執行日：　1949年11月9日午前09時37分〜午前09時53分25秒。
執行立会者：
　　仙台高等検察庁検察官　○○○　○○○。
　　仙台高等検察庁事務官　○○○　○○○。
遺体の取扱：　○○県○○郡○○村大字○○字○○××番地在住の○○○　○○○（被執行者の兄）の要望により、被執行者の遺体は宮城刑務所において同人に引き渡された。
存命中の通信：　被執行者とその親族との間に大変多くの面会及び通信がなされた。存命中、同人の父、きょうだい及びおじに対して70通以上の手紙が送られ、父、姉《妹？》、及びその他の親族から10通以上の手紙を受け取った。18回の面会がなされた。
特記事項：存命中、同人は罪の意識に苦しみ、自らの過去の犯罪を悔いていた。

宮城刑務所長
くもん　たけし

Miyagi Prison
November 15, 1949   (Delivered to P. B. on
                              December 17, 1949)

To: Urashiro FURUHASHI, Director of C. & R. Bureau, Attorney-General's Office.
From: Takeshi KUMON, Warden of Miyagi Prison.
Subject: Execution Report.

Name: ████ ████. (Male)
Age: 27.
Home Domicile: No. █, Aza ████, Oaza ████, ████-mura, ████-gun, ████ Prefecture.
Address: Ditto.
Occupation: Farming.
Crime: Robbery and resulting in death.
Date of Sentenced and Court:
    1st Instance: On April 12, 1948 at Wakamatsu Branch of Fukushima District Court.
    2nd Instance: On December 11, 1948 at Sendai Higher Court.
    Finally decided: On December 17, 1948.
Previous Convicts: None.
Date of Execution: On November 9, 1949 from 9.37 to 9.53.25 second a. m.
Witness of Execution:
    ████ ████████, Procurator of Sendai Higher Procurator Office.
    ████████ ████, Secretary of Sendai Higher Procurator Office.
Treatment of Corpse: By the request of ████ ████ (elder brother of the executed) who lived in No. █, Aza ████, Oaza ████, ████-mura, ████, ████ Prefecture, the corpse of the executed was delivered to Kita SUZUKI at Miyagi Prison.
Communication while in life: There were great many times receptions and communication between the executed and his relatives with close relationship. While in life he sent letters in over 70 times to his father, brother and sister and uncle, and received answers in over 10 times from father, sister and other cousin. There were receptions in 18 times.
Remarks: While in life, he suffered from guilty conscience, regretting his past crime.

                                    Takeshi KUMON,
                                    Warden of Miyagi Prison.

●死刑執行始末書【整理番号04】

宮城刑務所
1949年11月15日　（1949年12月17日にP. B.に送達）

宛先：　法務府矯正保護局長　古橋浦四郎様
差出人：　宮城刑務所長　くもん　たけし
件名：　死刑判決執行に関する報告

氏名：　○○○　○○○。
年齢：　27歳。
本籍地：　○○県○○郡○○村大字○○字○○××番地。
現住所：　同上。
職業：　無職。
罪名：　強盗致死。
判決日及び裁判所：
　　第1審：　1948年4月12日　福島地方裁判所若松支部。
　　第2審：　1948年12月11日　仙台高等裁判所。
　　確定：　1948年12月17日。
前科：　なし。
執行日：　1949年11月9？日午前10時12分～午前10時30分40秒。
執行立会者：
　　仙台高等検察庁検察官　○○○　○○○。
　　仙台高等検察庁事務官　○○○　○○○。
遺体の取扱：　電報が○○県○○郡○○村在住の被執行者の母である○○○○○○に送達された。そして、被執行者の兄である○○○　○○○の言葉に従って、遺骨のみが同女に引き取られた。遺体は解剖実習のために○○大学に送られた。
存命中の通信：　同人の母、兄及び妹との面会が10回以上なされた。同人から兄、姉及び妹に40通以上の手紙が送られ、彼らから20通以上の手紙を受け取った。
特記事項：　存命中、同人は罪の意識に苦しみ、自らの過去の犯罪を悔いていた。

宮城刑務所長
くもん　たけし

Miyagi Prison
November 15, 1949   (Delivered to P. B. on December 17, 1949)

To: Urashiro FURUHASHI, Director of C. & R. Bureau, Attorney-General's Office.
From: Takeshi KUMON, Warden of Miyagi Prison.
Subject: Report on Execution.

Name: ■■■■■
Age: 27.
Home Domicile: No. ■, Aza ■■■■■, Oaza ■■■■, ■■-mura, ■■-gun, ■■■■-ken Prefecture.
Address: Ditto.
Occupation: None.
Crime: Robbery and resulting in death.
Date of Sentenced and Court:
    1st Instance: On April 12, 1948 at Wakamatsu Branch of Fukushima District Court.
    2nd Instance: On December 11, 1948 at Sendai Higher Court.
    Finally decided: On December 17, 1948.
Previous Convicts: None.
Date of Execution: On November 9, 1949 from 10.12 to 10.20.40 second a.m.
Witness of Execution:
    ■■■■ ■■■■■, Procurator of Sendai Higher Procurator Office.
    ■■■■■ ■■■■, Secretary of Sendai Higher Procurator Office.
Treatment of Corpse: Telegram was sent to ■■■■ ■■■■, mother of the executed who lived in ■■■■-mura, ■■-gun, ■■■■■ Prefecture. And according to the words of ■■ ■■, elder brother of the executed, only corpse's remains were received by her. So the corpse of the executed was sent to ■■■■ Medical College for the purpose of operation.
Communication while in life: There were receptions in ever 10 times between mother, elder brother and younger sister, and he sent letters in ever 40 times to his elder brother, elder sister and younger sister and received letters from them in ever 20 times while in life.
Remarks: While in life, he suffered from guilty conscience, regretting his past crime.

Takeshi KUMON
Warden of Miyagi Prison

●死刑執行始末書【整理番号05】

宮城刑務所
1949年11月15日　　（1949年12月17日にP. B.に送達）

宛先：　法務府矯正保護局長　古橋浦四郎様
差出人：　宮城刑務所長　くもん　たけし
件名：　死刑判決執行に関する報告

氏名：　○○○　○○○。
年齢：　24歳。
本籍地：　○○県○○郡○○村大字○○字○○××番地。
現住所：　同上。
職業：　無職。
罪名：　強盗致死。
判決日及び裁判所：
　　第1審：　1948年4月12日　福島地方裁判所若松支部。
　　第2審：　1948年12月11日　仙台高等裁判所。
　　第3審：　1949年4月30日　最高裁判所。（上告取下げ）。
前科：　なし。
執行日：　1949年11月9日午前10時56分20秒～午前11時13分。
執行立会者：
　　仙台高等検察庁検察官　○○○　○○○。
　　仙台高等検察庁事務官　○○○　○○○。
遺体の取扱：　電報が○○県○○郡○○村在住の被執行者の母である○○○　○○○に送達された。そして、被執行者の兄である○○○　○○○の言葉に従って、遺骨のみが同女に受け取られた。遺体は解剖実習のために○○大学に送られた。
存命中の通信：　同人の母、兄及びその他の者との面会が10回以上なされた。同人から兄、姉及び妹に40通以上の手紙が送られ、兄、姉及び妹から20通以上の手紙を受け取った。
特記事項：　存命中、同人は罪の意識に苦しみ、自らの過去の犯罪を悔いていた。

宮城刑務所長
くもん　たけし

Miyagi Prison
November 15, 1949   (Delivered to P. B. on
                          December 17, 1949)

To: Urashiro FURUHASHI, Director of C. & R. Bureau, Attorney-General's Office.
From: Takeshi KUMON, Warden of Miyagi Prison.
Subject: Report on Execution.

Name: █████████

Age: 24.

Home Domicile: No. █, Aza █████████, Ooaza █████, █████-mura, █████-gun, █████-ken

Address: Ditto.

Occupation: None.

Crime: Robbery and resulting in death.

Date of Sentenced and Court:

    1st Instance: On April 12, 1948 at Wakamatsu Branch of Fukushima District Court.

    2nd Instance: On December 11, 1948 at Sendai Higher Court.

    3rd Instance: On April 30, 1949 at Supreme Court. (Appeal withdrawn).

Previous Convicts: None.

Date of Execution: On November 9, 1949 from 10.56.20 second to 11.15 a. m.

Witness of Execution:

    ████████ Procurator of Sendai Higher Procurator Office.

    ████████ Secretary of Sendai Higher Procurator Office.

Treatment of Corpse: Telegram was sent to ████ ████, mother of the executed who lived in ████-mura, ████-gun, ████ Prefecture. And according to the words sent from ████, elder brother of the executed, only corpse's remains were received by her. So the corpse of the executed was sent to █████ Medical College for the purpose of operation.

Communication while in life: There were receptions in over 10 times between his mother, elder brother and others, and he sent letters in over 40 times to his elder brother, sister and younger sister and received answers in over 20 times from his brother and sisters.

Remarks: While in life, he suffered from guilty conscience, regretting his past crime.

                                              Takeshi KUMON
                                              Warden of Miyagi Prison.

●死刑執行始末書【整理番号06】

　　　　　　　　　名古屋刑務所
　　　　　　　　　1949年11月25日　（矯正保護局（C. & R.）T. くらた により
　　　　　　　　　　　　　　　　1950年3月4日にP. B.に送達）

宛先：　矯正保護局長　古橋浦四郎様
差出人：　名古屋刑務所長　しまだ　こうじ
件名：　死刑判決執行に関する報告

氏名：　○○○　○○○。
年齢：　26歳。
本籍地：　大韓民国○○府○○街○○番地。
現住所：　住所不定。
職業：　無職。
罪名：　住居侵入、強盗致傷、強盗致死、強盗強姦致傷。
判決日及び裁判所：
　　第1審：　1947年3月12日　名古屋地方裁判所。
　　第2審：　1947年4月15日　控訴取下げにより確定。
前科：　あへんの不法所持罪のため北京の日本総領事により罰金300円、詳細不明。
執行日：　1949年11月25日午前10時17分～午前10時35分。
執行立会者：
　　名古屋高等検察庁検察官　○○○　○○○。
　　名古屋高等検察庁事務官　○○○　○○○。
遺体の取扱：　被執行者の遺体を受けとるよう依頼された者がなく、日本に同人の親族が在住していなかったことから、解剖実習ではなく、埋葬してほしいとの存命中の被執行者の要望により、被執行者の遺体は刑務所内の埋葬場所に暫定的に埋葬された。
存命中の通信：　存命中、同人は大韓民国の本籍地に在住する同人の母及び姉（妹？）に何回か手紙を送り、同人の父から手紙を受け取り、同人の姉から写真を受け取った。面会は同人の弁護人とのみ3回なされた。
特記事項：　執行に際して、同人は自らの過去の犯罪を深く悔い、死刑判決の執行に覚悟ができていた。

　　　　　　　　　　　　　　　　　　　名古屋刑務所長
　　　　　　　　　　　　　　　　　　　しまだ　こうじ

Nagoya Prison
November 25, 1949   (Delivered to P. B. on March 4, '50 by T. Kurata, C. & R. B.)

To: Urashiro Furuhashi, Bureau Director of C. & R. Bureau.
From: Koji Shimada, Warden of Nagoya Prison.
Subject: Report on Execution.

Name: ███, ██████

Age: 26.

Home Domicile: No. ████, ██████-gai, ████-fu, Korea.

Address: No fixed abode.

Occupation: None.

Crime: Housebreaking, Robbery resulting in injury, Robbery resulting in death and Robbery & Rape resulting in injury.

Date of Sentenced and Court:
　　1st Instance: On March 12, 1947 at Nagoya District Court.
　　2nd Instance: On April 15, 1947, Appeal withdrawn and Sentence finally decided.

Previous Convicts: Fine three hundred (300) yen was sentenced at Japanese Consulate-General in Peking by the crime of unlawful possession of Opium, Date unknown.

Date of Execution: On November 25, 1949 from 10.17 a. m. to 10.35 a. m.

Witness of Execution:
　　██████ ██████, Public Procurator of Nagoya Higher Procurator Office.
　　██████ Secretary of Nagoya Higher Procurator Office.

Treatment of Corpse: As there was no person who asked to receive the corpse of the executed and there was no relation of him in Japan, and then by the request for burial instead of operation of the executed while in life, the corpse of the executed was provisionally buried in Prison burial-place.

Communication while in life: The executed sent letters several times to his mother and sister who lived in home domicile in Korea, and received a letter from his father and photograph from his sister while in life. And he had receptions three times with his lawyer only.

Remarks: When executed, he was ready for execution of death sentence, deeply regretting his past crime.

　　　　　　　　　　　　　　　　　　　　　　　　Koji Shimada,
　　　　　　　　　　　　　　　　　　　　　　　　Warden of Nagoya Prison.

●死刑執行始末書【整理番号07】

大阪拘置所
1949年12月5日（1949年12月17日にP.B.に送達）

宛先： 法務府矯正保護局長　古橋浦四郎様
差出人： 大阪拘置所長　玉井策郎
件名： 死刑判決執行に関する報告

氏名： 〇〇〇　〇〇〇。
年齢： 23歳。
本籍地： 〇〇県〇〇郡〇〇町〇〇××番地。
現住所： 〇〇県〇〇郡〇〇村字〇〇××〇〇番地。
職業： 無職。
罪名： 強盗致死。
判決日及び裁判所：
　　第1審： 1947年9月13日　大阪地方裁判所。
　　第2審： 1948年3月9日　大阪高等裁判所。
　　第3審： 1948年11月9日　最高裁判所。（上告取下げ）。
前科： なし。
執行日： 1949年11月30日午前11時07分〜午前11時20分55秒。
執行立会者：
　　大阪高等検察庁検察官　〇〇〇　〇〇〇。
　　大阪高等検察庁事務官　〇〇〇　〇〇〇。
遺体の取扱： 遺体を受け取るよう求められた者が存在せず、解剖実習に用いて欲しいとの存命中の被執行者の要望により、被執行者の遺体は〇〇大学に送られた。
存命中の通信：
　　存命中、同人には既に両親がいなかった。同人の兄及び異母妹がいたものの、親心を持った監護者はいなかった。存命中、同人は兄らに手紙を送ったものの、返信はなかった。被執行者とその親族の関係は冷え切っていた。
特記事項： 存命中、同人は、信心深い生活を送り、自らの過去の犯罪を悔い、自らの悪行の被害者に対する罪の意識に苦しんでいた。執行の前に同人は言い残すことはないと申し述べ、当所の職員に心から感謝の言葉を述べた。

大阪拘置所長
玉井策郎

Osaka Detention House
December 5, 1949   (Delivered to P. B. on
                                  December 17, 1949)

To: Urashiro FURUHASHI, Director of C. & R. Bureau, Attorney-General's Office.
From: Sakuro TAMAI, Chief of Osaka Detention House.
Subject: Report on Execution.

Name: ███ ███
Age: 23.
Home Domicile: No. █, Aza ███-machi, █████-cho, █-gun, ███ Prefecture.
Address: c/o ██████, Aza ██████, ███-mura, ███-gun, ███ Prefecture.
Occupation: None.
Crime: Robbery resulting in death.
Date of Sentenced and Court:
   1st Instance: On September 13, 1947 at Osaka District Court.
   2nd Instance: On March 9, 1948 at Osaka Higher Court.
   3rd Instance: On November 9, 1948 at Supreme Court. (Appeal withdrawn).
Previous Convicts: None.
Date of Execution: On November 30, 1949 from 11.07 to 11.20.55 second a.m.
Witness of Execution:
   ███ ███ Procurator of Osaka Higher Procurator Office.
   ███ ███ Secretary of
Treatment of Corpse: As there was no person who asked to receive the corpse of the executed and still by the request of the executed while in life to be used for operation, so the corpse of the executed was sent to the Medical College of ███ University.
Communication while in life:
   The executed had no parents while in life. There were only his elder brother and sister born of different mother and there was no guardian with parents' heart. While in life, he sent letters to them, but received no answer. The relation between the executed and his relatives was cool.
Remarks: While in life, he led a pious life, regretting his past crime and suffering from guilty conscience for his bad conduct's victim. Before execution, he said that nothing to say left behind him and thanked heartily to prison officials.

                                          Sakuro TAMAI
                                          Chief of Osaka Detention House.

●死刑執行始末書【整理番号08】

宮城刑務所
1950年1月25日（矯正保護局（C. & R.）T. くらた により
2月16日にP. B.に送達）

宛先： 矯正保護局長　古橋浦四郎様
差出人： 宮城刑務所長　くもん　たけし
件名： 死刑判決執行に関する報告

氏名： ○○○　○○○。
年齢： 23歳。
本籍地： 東京都○○区○○町○丁目××番地。
現住所： 住所不定。
職業： 無職。
罪名： 強盗殺人。
判決日及び裁判所：
　　第1審： 1947年9月18日　福島地方裁判所。
　　第2審： 1948年9月7日　仙台高等裁判所。
　　第3審： 1949年3月3日　最高裁判所。（上告棄却）。
前科： なし。
執行日： 1950年1月20日午前10時01分〜午前10時14分50秒。
執行立会者：
　　仙台高等検察庁検察官　○○○　○○○。
　　仙台高等検察庁事務官　○○○　○○○。
遺体の取扱： 存命中の被執行者の要望により、被執行者の遺体は解剖実習のために○○大学に送られた。
存命中の通信： 存命中、同人には多数の面会があった。父が6回、母が2回、友人の○○○　○○子が5回及びおじが1回であった。同様に、多数の通信があった。母、妹、おじ及び友人から66通の手紙を受け取り、父、妹、おじ及び兄に宛てて280通の手紙を差し出した。被執行者と彼らとの親密な関係が見受けられた。
特記事項： 被執行者はこの世に別れを告げるに当たり、自らの過去の犯罪を深く悔いていた。

宮城刑務所長
くもん　たけし

Miyagi Prison
January 25, 1950

(Delivered to P. B. on Feb. 16 by T. Murata, C. & R. Bureau)

To: Urashiro FURUHASHI, Director of C. & R. Bureau.
From: Takeshi KUMON, Warden of Miyagi Prison.
Subject: Report on Execution.

Name: ███ ███.
Age: 23.
Home Domicile: No. ██, ████-sho █-chome, ████-Cho, ██-ku, Tokyo-to.
Address: No fixed abode.
Occupation: None.
Crime: Robbery & Murder.
Date of Sentenced and Court:
    1st Instance: On September 18, 1947 at Fukushima District Court.
    2nd Instance: On September 7, 1948 at Sendai Higher Court.
    3rd Instance: On March 3, 1949 at Supreme Court. (Appeal rejected).
Previous Convicts: None.
Date of Execution: On January 20, 1950 at 10.01 to 10.14.50 second a. m.
Witness of Execution:
    ███ ███ Public Procurator of Sendai Higher Procurator Office.
    ███ ███ Secretary of Sendai Higher Procurator Office.
Treatment of Corpse: By the request of the executed while in life, the corpse of the executed was sent to ████ Medical College for the purpose of operation.
Communication while in life: There were many receptions while in life : 6 times of his father, 2 times of his mother, 5 times of his friend ███ ███ and 1 time of his uncle. Also, there were many communications: Received 66 letters from his mother, younger sister, uncle and his friends, and 280 letters were ████████ sent to his father, younger sister, uncle and elder brother. So there was close relationships between the executed and them.
Remarks: The executed left this world, deeply regretting his past crime.

Takeshi KUMON
Warden of Miyagi Prison.

●死刑執行始末書【整理番号09】

福岡刑務所
1950年1月27日（矯正保護局（C. & R.）T. くらた により
2月17日にP. B.に送達）

宛先： 矯正保護局長　古橋浦四郎様
差出人：　福岡刑務所長　あらまき　せいしゅう
件名：　死刑判決執行に関する報告

氏名：　○○○　○○○　○○○こと○○○　○○○。
年齢：　23歳。
本籍地：　大韓民国○○道○○郡○○面○○里。
現住所：　○○県○○郡○○村大字○○字○○××番地。
職業：　無職。
罪名：　強盗致死及び放火。
判決日及び裁判所：
  第1審：　1947年3月22日　熊本地方裁判所八代支部。
  第2審：　1947年7月5日　福岡高等裁判所。
  確定：　1947年7月8日　（上訴権放棄）。
前科：　なし。
執行日：　1950年1月20日午前10時20分～午前10時33分30秒。
執行立会者：
  福岡高等検察庁検察官　○○○　○○○。
  福岡高等検察庁事務官　○○○　○○○。
遺体の取扱：　存命中の被執行者の要望により、被執行者の遺体は解剖実習のために○○大学に送られた。
存命中の通信：
  同人の友人と同人の間に何回かの通信があったものの、同人の家族や近親者との関係は生じなかった。
特記事項：　被執行者はこの世に別れを告げるに当たり、自らの過去の犯罪を深く悔いていた。

            福岡刑務所長
            あらまき　せいしゅう

Fukuoka Prison
January 27, 1950

(Delivered to P. B. on Feb.17 by T. Kurata, C. & R. Bureau)

To: Urashiro FURUMASHI, Director of C. & R. Bureau.
From: Seishu ARAMAKI, Warden of Fukuoka Prison.
Subject: Report on Execution.

Name: ▇▇▇ alias ▇▇▇.
Age: 23.
Home Domicile: ▇▇-ri, ▇▇-men, ▇▇-gun, ▇▇-do, Korea.
Address: No. ▇, Aza ▇▇, Oaza ▇▇, ▇▇-mura, ▇▇-gun, ▇▇ Pre-fecture.
Occupation: None.
Crime: Robbery resulting in death and Arson.
Date of Sentenced and Court:
    1st Instance: On March 22, 1947 at Yatsushiro Branch of Kumamoto District Court.
    2nd Instance: On July 5, 1947 at Fukuoka Higher Court.
    Finally Decided: On July 8, 1947 (Appeal renounced).
Previous Convicts: None.
Date of Execution: On January 20, 1950 from 10.20 a. m. to 10.33.30 second a. m.
Witness of Execution:
    ▇▇▇, Public Procurator of Fukuoka Higher Procurator Office.
    ▇▇▇, Secretary of Fukuoka Higher Procurator Office.
Treatment of the Corpse: By the request of the executed while in life, the corpse of the executed was sent to the Medical College of ▇▇ University for the purpose of operation.
Communication while in life:
    There were communications several times between her friends and her, but there was no relationship with her family and near relations.
Remarks: She left this world, deeply regretting her past crime.

Seishu ARAMAKI,
Warden of Fukuoka Prison.

●死刑執行始末書【整理番号10】

　　　　　宮城刑務所
　　　　　1950年1月25日（矯正保護局（C. & R.）T. くらた により
　　　　　　　　　　　　　　　　　　　　2月16日にP. B.に送達）

宛先：　矯正保護局長　古橋浦四郎様
差出人：　宮城刑務所長　くもん　たけし
件名：　死刑判決執行に関する報告

氏名：　○○○　○○○。
年齢：　23歳。
本籍地：　○○県○○市字○○××番地。
現住所：　住所不定。
職業：　無職。
罪名：　強盗殺人。
判決日及び裁判所：
　　第1審：　1947年9月18日　福島地方裁判所。
　　第2審：　1947年10月27日（控訴取下げ）。
前科：　横領及び詐欺のため1946年9月26日福島地方裁判所により懲役1年2月。
執行日：　1950年1月20日午前10時48分〜午前11時00分32秒。
執行立会者：
　　仙台高等検察庁検察官　○○○　○○○。
　　仙台高等検察庁事務官　○○○　○○○。
遺体の取扱：　存命中の被執行者の要望により、被執行者の遺体は解剖実習のために○○大学に送られた。
存命中の通信：　同人は妹に10通以上並びに父、母、おじ及び妹に54通の手紙を差し出した。しかしながら、返信はなかった。
特記事項：　存命中、同人は自らの過去の犯罪を深く悔いていた。

　　　　　　　　　　　　　　　　　　　　宮城刑務所長
　　　　　　　　　　　　　　　　　　　　くもん　たけし

Miyagi Prison
January 25, 1950   (Delivered to P. B. on Feb. 16
                     by T. Kurata, C. & R. Bureau)

To: Urashiro FURUHASHI, Director of C. & R. Bureau.
From: Takeshi KUMON, Warden of Miyagi Prison.
Subject: Report on Execution.

Name: ▆▆ ▆▆▆▆▆▆
Age: 23.
Home Domicile: No. ▆, Aza ▆▆▆▆▆, ▆▆▆▆▆ City, ▆▆▆▆▆ Prefecture.
Address: No fixed abode.
Occupation: None.
Crime: Robbery & Murder.
Date of Sentenced and Court:
    1st Instance: On September 18, 1947 at Fukushima District Court.
    2nd Instance: On October 27, 1947 (withdrawal).
Previous Convicts: Sentenced 1 year 2 months at penal servitude on September 26, 1946 at
    Fukushima District Court by the crime of embezzlement and fraud.
Date of Execution: On January 20, 1950 from 10.48 a. m. to 11.00.32 second a. m.
Witness of Execution:
    ▆▆▆▆ ▆▆▆▆▆▆, Public Procurator of Sendai Higher Procurator Office.
    ▆▆▆▆▆ ▆▆▆▆▆, Secretary of Sendai Higher Procurator Office.
Treatment of Corpse: By the request of the executed while in life, the corpse of the execut-
    ed was sent to the ▆▆▆▆ Medical College for the purpose of operation.
Communication and Reception while in life: There were over 10 letters from his younger sister
    and 54 letters to his father, mother, uncle and his younger sister from him. But there
    was no reception.
Remarks: While in life, he had been regretting deeply his past crime.

Takeshi KUMON,
Warden of Miyagi Prison.

●死刑執行始末書【整理番号11】

　　　　　　　福岡刑務所
　　　　　　　1950年1月27日（矯正保護局（C. & R.）T. くらた により
　　　　　　　　　　　　　　　　　　　　　　　2月17日にP. B.に送達）

宛先：　矯正保護局長　古橋浦四郎様
差出人：　福岡刑務所長　あらまき　せいしゅう
件名：　死刑判決執行に関する報告

氏名：　〇〇〇　〇〇〇　〇〇〇こと〇〇〇　〇〇〇。
年齢：　25歳。
本籍地：　大韓民国〇〇道〇〇郡〇〇邑〇〇里〇〇番地。
現住所：　〇〇県〇〇郡〇〇村大字〇〇字〇〇××番地。
職業：　無職。
罪名：　強盗致死及び放火。
判決日及び裁判所：
　　第1審：　1947年3月22日　熊本地方裁判所八代支部。
　　第2審：　1947年5月8日（控訴取下げ）。
前科：　なし。
執行日：　1950年1月20日午前11時28分～午前11時42分33秒。
執行立会者：
　　福岡高等検察庁検察官　〇〇〇　〇〇〇。
　　福岡高等検察庁事務官　〇〇〇　〇〇〇。
遺体の取扱：　存命中の被執行者の要望により、被執行者の遺体は解剖実習のために〇〇大学に送られた。
存命中の通信：　同人の友人と同人の間に何回かの通信があったものの、同人の父、母、兄、弟全員が大韓民国の本籍地に在住しており、同人と関係を持たなかったために、同人の家族や近親者との関係は生じなかった。
特記事項：　存命中、被執行者は、1947年5月8日に控訴を取下げ、死刑判決の執行に対して恩赦を求めた。被執行者はこの世に別れを告げるに当たり、自らの過去の犯罪を深く悔いていた。執行に際して、同人は自らの犯罪を悔いていることを述べ、同人の書籍は官に寄付し、同人の衣類は〇〇市〇〇××番地在住の〇〇〇　〇〇〇に送り、同人の遺体は解剖のために大学病院に送るよう述べた。

　　　　　　　　　　　　　　　　　　福岡刑務所長
　　　　　　　　　　　　　　　　　　あらまき　せいしゅう

Fukuoka Prison
January 27, 1950.   (Delivered to P. B. on Feb.17 by T. Kurata, C. & R. Bureau)

To: Urashiro FURUHASHI, Director of C. & R. Bureau.
From: Seishu ARAMAKI, Warden of Fukuoka Prison.
Subject: Report on Execution.

Name: ███████, alias ███.
Age: 25.
Home Domicile: No. ██, ████ri, ██-yu, ██-gun, ████do, Korea.
Address: Ko██, Aza █████, Oaza ███████, ███-mura, ██-gun, ████ Pref.
Occupation: None.
Crimes: Robbery resulting in death and Arson.
Date of Sentenced and Court:
    1st Instance: On March 22, 1947 at Yatsushiro Branch of Kumamoto District Court.
    2nd Instance: On May 8, 1947 (Appeal withdrawn).
Previous Convicts: None.
Date of Execution: On January 20, 1950 from 11.28 to 11.42.33 second a. m.
Witness of Execution:
    ███████, Public Procurator of Fukuoka Higher Procurator Office.
    ███████, Secretary of Fukuoka Higher Procurator Office.
Treatment of the Corpse: By the request of the executed while in life, the corpse of the executed was sent to the Medical College of ██████ University, for the purpose of operation.
Communication while in life: There were communications several times between the executed and his friends, but there was no communication between the executed and his family, because his father, mother, elder and younger brothers all lived in the home domicile of Korea, and had no relationship with him.
Remarks: While in life, the executed withdrew his appeal on May 8, 1947 and petitioned for execution of the death sentence. He left this world, deeply regretting his past crime. When executed, he left his will behind him, saying that he was penitent for his crime, his books should be contributed to the Office, his clothes should be sent to ██ who lived in ██, ███████, ███████ City and his corpse should be sent to the Hospital of Medical College for operation.

                                            Seishu ARAMAKI
                                            Warden of Fukuoka Prison.

●死刑執行始末書【整理番号12】

宮城刑務所
1950年2月6日（矯正保護局（C. & R.）T. くらた により
2月16日にP. B.に送達）

宛先：　矯正保護局長　古橋浦四郎様
差出人：　宮城刑務所長　くもん　たけし
件名：　死刑判決執行に関する報告

氏名：　○○○　○○○。
年齢：　??歳。
本籍地：　○○県○○市○○町○丁目××番地。
現住所：　住所不定。
職業：　無職。
罪名：　強盗殺人、同未遂。
判決日及び裁判所：
　　第1審：　1947年7月1?日　千葉地方裁判所。
　　第2審：　1947年11月11日　東京高等裁判所。
　　第3審：　1948年7月29?日　最高裁判所　（上告棄却）。
前科：　なし。
執行日：　1950年1月31日午前09時57分～午前10時11分15秒。
執行立会者：
　　仙台地方検察庁検察官　○○○　○○○。
　　仙台地方検察庁事務官　○○○　○○○。
遺体の取扱：　存命中の被執行者の要望により、被執行者の遺体は解剖実習のために○○大学病院に送られた。
存命中の通信：　同人には14回の面会があった。兄、妹、母、おば及び妻が各1回、弁護人が2回並びに親族が7回である。同様に、同人は存命中に手紙を受け取った。妻から1通、おじから2通、友人らから10通以上である。また、おじ及び友人らに手紙が送られた。おじに1通及び友人らに7通である。
特記事項：　被執行者はこの世に別れを告げるに当たり、自らの過去の犯罪を深く悔いていた。

宮城刑務所長
くもん　たけし

Miyagi Prison
February 6, 1950   (Delivered to P. D. on Feb. 16
                         by T. Kurata, C. & R. Bureau)

To: Urashiro FURUHASHI, Director of C. & R. Bureau.
From: Takeshi KUMON, Warden of Miyagi Prison.
Subject: Report on Execution.

Name: ███████.
Age: 37.
Home Domicile: No. █, ███-cho █-chome, ██-shi, ██ Prefecture.
Address: No fixed abode.
Occupation: None.
Crime: Robbery and murder.
Date of Sentenced and Court:
   1st instance: July 10, 1947 at Chiba District Court.
   2nd instance: November 11, 1947 at Tokyo Higher Court.
   3rd instance: July 22, 1948 at Supreme Court (Appeal rejected).
Previous Convicts: None.
Date of Execution: On January 31, 1950 from 09.57 to 10.11.15 second a. m.
Witness of Execution:
   ████████ Public Procurator of Sendai District Procurator Office.
   ████████ Secretary of Sendai District Procurator Office.
Treatment of the Corpse: By the request of the executed while in life, the corpse of the executed was sent to the Hospital of ████ University for the purpose of operation.
Communication while in life: There were 14 times receptions: 1 time of his elder brother, younger sister, mother, aunt, wife, 2 times of lawyer and 7 times of relatives. Also, The executed received letters while in life: 1 from his wife, 2 from his uncle and over 10 from his friends, and letters were sent to his uncle and his friends from him 1 to his uncle and 7 to his friends.
Remarks: He left this world, deeply regretting his past crime.

                                   Takeshi KUMON,
                                   Warden of Miyagi Prison.

●死刑執行始末書【整理番号13】

福岡刑務所
1950年2月17日（矯正保護局（C. & R.）T. くらた により
1950年3月3日にP. B.に送達）

宛先：　矯正保護局長　古橋浦四郎様
差出人：　福岡刑務所長　あらまき　せいしゅう
件名：　死刑判決執行に関する報告

氏名：　○○○　○○○こと○○○　○○○　○○○。
年齢：　28歳。
本籍地：　大韓民国○○道○○郡○○面○○××番地。
現住所：　○○県○○市○○町○。
職業：　無職。
罪名：　強盗致死。
判決日及び裁判所：
　　第1審：　1947年7月21日　山口地方裁判所。
　　第2審：　1948年4月17日　控訴取下げにより確定。
前科：　窃盗罪のため1946年9月2日山口区裁判所により懲役1年執行猶予4年。
執行日：　1950年2月15日午前10時00分～午前10時14分。
執行立会者：
　　福岡高等検察庁検察官　○○○　○○○。
　　福岡高等検察庁事務官　○○○　○○○。
遺体の取扱：　存命中の被執行者の要望により、被執行者の遺体は○○大学に送られた。
存命中の通信：　同人の両親、妻及び息子は全員本籍地で暮らしている。存命中、被執行者と家族の間には全く関係が生じなかった。執行された際、遺体の取扱は、○○市○○町○○××在住の法的には婚姻をしていない内縁の妻○○○　○○子に照会されたが、同人とは無関係であるとの返答が同女からなされた。
特記事項：　被執行者はこの世に別れを告げるに当たり、自らの過去の犯罪を深く悔いていた。遺体は解剖実習のために医科大学に送り、私物は上記○○○　○○子に送るよう述べて遺言とした。

福岡刑務所長
あらまき　せいしゅう

Fukuoka Prison
February 17, 1950 (Delivered to P. B. on March 3, 1950 by T. Kurata, C. & R. Bureau.)

To: Urashiro Furuhashi, Bureau Director of C. & R. Bureau.
From: Seishu Aramaki, Warden of Fukuoka Prison.
Subject: Report on Execution.

Name: ▮▮▮▮ alias ▮▮▮▮

Age: 28.

Home Domicile: No. ▮▮, ▮▮▮-do, ▮▮-▮▮▮, ▮▮-gun, ▮▮▮ do, Korea.

Address: ▮▮▮, ▮▮▮▮-cho, ▮▮▮ City, ▮▮▮ Prefecture.

Occupation: None.

Crime: Robbery resulting in death.

Date of Sentenced and Court:

    1st Instance: On July 21, 1947 at Yamaguchi District Court.

    2nd Instance: On April 17, 1948, Appeal withdrawn and Sentence finally decided.

Previous Convict: On September 2, 1946, One(1) year of penal servitude was sentenced and sentence was suspended during four(4) years in good behavior at Yamaguchi Primary Court by the crime of theft.

Date of Execution: On February 15, 1950 from 10.00 a. m. to 10.14 a. m.

Witness of Execution:

    ▮▮▮▮ ▮▮▮▮ Public Procurator of Fukuoka Higher Procurator Office.

    ▮▮▮ ▮▮▮ Secretary of Fukuoka Higher Procurator Office.

Treatment of Corpse: By the request of the executed while in life, the corpse of the executed was sent to the Medical College of ▮▮▮▮ University.

Communication while in life: The parents, wife and son of the executed all lived in Home Domicile. There was no relationship between the executed and his family while in life. When executed, the treatment of the corpse was inquired of his wife who was not legally married and he said in his testament, ▮▮▮▮ ▮▮▮▮▮ lived in c/o ▮▮▮▮ ▮▮▮▮▮, ▮▮▮▮, ▮▮▮▮-cho, ▮▮▮ City, and answer was received from her, saying that she had no relationship with him.

Remarks: He left this world, deeply regretting his past crime. He left the words, saying that his corpse should be sent to Medical College for the purpose of operation and his private goods should be sent to above written ▮▮▮▮ ▮▮▮▮▮.

                                                     Seishu Aramaki,
                                                     Warden of Fukuoka Prison.

●死刑執行始末書【整理番号14】

再作成書類　　大阪拘置所
　　　　　　　1950年4月6日（矯正保護局（C. & R.）くらた　としお により
　　　　　　　　　　　　　　　　　　　　1950年7月15日にP. B.に送達）

宛先：　法務府矯正保護局長　古橋浦四郎様
差出人：　大阪拘置所長　玉井策郎
件名：　死刑判決執行に関する報告

氏名：　○○○　○○○。
年齢：　25歳。
本籍地：　○○市○○町○○番地。
現住所：　同上。
職業：　無職。（同人の家族の農作業の時折の手伝い）。
罪名：　強盗殺人。
判決日及び裁判所：
　　第1審：　1948年4月26日　神戸地方裁判所姫路支部。
　　第2審：　1948年12月2？3日　大阪高等裁判所。
　　第3審：　1949年6月21日　最高裁判所。（上告棄却。）
前科：　なし。
執行日：　1950年4月5日午前10時37分30秒～午前10時53分26秒。
執行立会者：
　　大阪高等検察庁検察官　○○○　○○○。
　　大阪高等検察庁事務官　○○○　○○○。
遺体の取扱：
　　同人及び同人の家族の要望により、被執行者の遺体は火葬され、遺品は同人の家族に送られた。
存命中の通信：
　　同人の家族が当所の遠方に在住していたため、同人と同人の家族との面会はほとんどなかったものの、公判時には多数回の面会がなされた。拘置所収容後に多くの通信があった。
特記事項：
　　同人は、公衆を驚愕させるに至った自らの過去の重大な犯罪行為を深く悔い、特に被害者に対する罪の意識に苦しみ、宗教的な誠実さを持って残された人生を過ごした。執行に際して、同人が幼少期から歌ってきた"Avenue of Life"の歌を歌うことを求め、許された。同人は当所の全職員に感謝の言葉を述べ、当所の首席矯正処遇官に宛てて、「春の花に覆われて」という別れの詩を送り、その後、執行の踏み板に進んだ。

　　　　　　　　　　　　　　　　　　　　　　　　大阪拘置所長
　　　　　　　　　　　　　　　　　　　　　　　　玉井策郎

Remand Report.
Osaka Detention House
April 6, 1950.   (Delivered to P. D. on July 18, '50
                   by Toshio Murata, C. & R. Bureau.)

To: Urushiro Furuhashi, Director of C. & R. Bureau, A. G. O.
From: Sakuro Tamai, Warden of Osaka Detention House.
Subject: Report on Execution.

Name: ███
Age: 33.
Home Domicile: No. ██, █████-cho, █████ City.
Address: Ditto.
Occupation: None. (Only odd job his family farming.)
Crime: Robbery and Murder.
Date of Sentenced and Court:
    1st Instance: On April 26, 1948 at Himaji Branch of Kobe District Court.
    2nd Instance: December 25, 1948 at Osaka Higher Court.
    3rd Instance: On June 21, 1949 at Supreme Court. (Jokoku Appeal rejected.)
Previous Convict: None.
Date of Execution: On April 5, 1950 from 10.57.30 second a. m. to 10.58.25 second a. m.
Witness of Execution:
    ███████ Procurator of Osaka Higher Procurator Office.
    ███████ Secretary of Osaka Higher Procurator Office.
Treatment of the Corpse:
    By the request of him and his family, the corpse of the executed was cremated and the remains were sent to his family.
Communication while in life:
    There were few receptions between him and his family because his family lived in far from the detention house, but there had been many receptions between them at the time of trial. And there were many communications between them in this detention house.
Remarks:
    Deeply regretting his past great crime conduct that had taken the public by suprise, especially suffering from guilty conscience for the victim and had been spending his life with religious faith.
    When executed, he requested for singing of the song "Avenue of Life" which had been sung by him from the time of his boy child, and approved. He thanked to our all officials and delivered to the Chief of Education Section his farewell poem "Enveloped and enveloped in spring flower" a-nd then he took the floor of execution.

                                              Sakuro Tamai,
                                          Chief of Osaka Detention House.

●死刑執行始末書【整理番号15】

再作成書類　　大阪拘置所
　　　　　　　1950年4月6日（矯正保護局（C. & R.）くらた　としお により
　　　　　　　　　　　　　　　　　　　　　　1950年7月15日にP. B.に送達）

宛先：　法務府矯正保護局長　古橋浦四郎様
差出人：　大阪拘置所長　玉井策郎
件名：　死刑判決執行に関する報告

氏名：　〇〇〇　〇〇〇。
年齢：　26?歳。
本籍地：　〇〇県〇〇市〇〇町〇〇番地。
現住所：　〇〇市〇〇町〇〇番地。
職業：　縄作り職人。
罪名：　窃盗、強盗殺人。
判決日及び裁判所：
　　第1審：　1946?年4月26日　神戸地方裁判所姫路支部。
　　第2審：　1946?年12月23日　大阪高等裁判所。
　　第3審：　1949年1月20日　最高裁判所。（上告棄却。）
前科：　なし。
執行日：　1950年4月5日13時37分〜13時50分20秒。
執行立会者：
　　大阪高等検察庁検察官　〇〇〇　〇〇〇。
　　大阪高等検察庁事務官　〇〇〇　〇〇〇。
遺体の取扱：
　　同人の遺体を受け取るよう求められた者がおらず、存命中の同人の要望により、被執行者の遺体は火葬され、遺品は〇〇寺に送られた。
存命中の通信：
　　同人と当所の遠方に在住し、事業を営む同人の母との面会はほとんどなかった。しかし、親密な関係に基づく多くの通信があった。
特記事項：
　　執行に際して、同人は言い残すことは何もないと述べ、同人の遺言を姉に送るよう請うた。同人は、自らの過去の重罪を深く悔い、別れの創作物として詩を作り、静かに人生の終焉を迎えて《判読困難につき意味不明瞭》、この世を去った。その詩の中で、《判読困難につき意味不明》。

　　　　　　　　　　　　　　　　　　　　　　　　　　大阪拘置所長
　　　　　　　　　　　　　　　　　　　　　　　　　　　玉井策郎

Rounds Report.
Osaka Detention House
April 6, 1950.   (Delivered to P. B. on July 15,'50
                    by Toshio Kurata, C. & R. Bureau.)

To: Urashiro Furuhashi, Director of C. & R. Bureau, A. G. O.
From: Sakuro Tamai, Warden of Osaka Detention House.
Subject: Report on Execution.

Name: ▓▓▓▓▓▓
Age: 36.
Home Domicile: No. ▓▓▓▓, ▓▓▓▓-cho, ▓▓▓▓ City, ▓▓▓▓ Prefecture.
Address: No. ▓▓, ▓▓▓▓▓▓-cho, ▓▓▓▓ City.
Occupation: Rope-making work.
Crime: Theft, Robbery and Murder.
Date of Sentenced and Court:
    1st Instance: On April 26, 1948 at Himeji Branch of Kobe District Court.
    2nd Instance: On December 23, 1948 at Osaka Higher Court.
    3rd Instance: On January 20, 1949 at Supreme Court.(Jokoku Appeal withdrawn.)
Previous Convict: None.
Date of Execution: On April 5, 1950 from 15.27 a. m. to 15.50.50 second a. m.
Witness of Execution:
    ▓▓▓▓▓▓ ▓▓▓▓, Procurator of Osaka Higher Procurator Office.
    ▓▓▓▓▓▓ ▓▓▓▓, Secretary of Osaka Higher Procurator Office.
Treatment of Corpse:
    As there was no person who asked to receive his corpse and by the request of the executed while in life, the corpse of the executed was cremated and the remains were sent to the ▓▓▓▓▓▓▓▓ Temple.
Communication while in life:
    There were few receptions between him and his mother who lived in far from the detention house and engaged in business of company. But there were many communications between them with close relationships.
Remarks:
    When executed, he said that nothing to be left behind him, and he beg that his testament to be sent to his elder sister. He left this world, deeply regretting his past crime and composed a poem as his farewell production and calmly met his end. In his poem, there was sense that didn't sob the friend of law, he went to innocent flower town.

                                    Sakuro Tamai,
                                    Chief of Osaka Detention House.

死刑執行始末書【整理番号15】   69

●死刑執行始末書【整理番号16】

再作成書類　大阪拘置所
　　　　　　1950年4月27日（矯正保護局（C. & R.）くらた　としお により
　　　　　　　　　　　　　　　　　　　　　　　1950年7月18日にP. B.に送達）

宛先：　法務府矯正保護局長　古橋浦四郎様
差出人：　大阪拘置所長　玉井策郎
件名：　死刑判決執行に関する報告

氏名：　　○○○　○○○。
年齢：　　46歳。
本籍地：　○○府○○郡○○村○○××番地。
現住所：　○○府○○市○○町○丁目○○番地○○○　○○○方。
職業：　　無職。
罪名：　　強盗致死。
判決日及び裁判所：
　　第1審：　1949年9月9日　和歌山地方裁判所。
　　確定：　1950年1月31日。（控訴取下げ。）
前科：　8件の有罪判決。
　　　　窃盗のため1919年12月12日堺区裁判所により懲役1年2月執行猶予3年。
　　　　窃盗のため192?3年8月21日堺区裁判所により懲役1月（ママ）。
　　　　横領のため1926年1月21日堺区裁判所により懲役1年。
　　　　強盗、窃盗及び横領のため192?年9月2?日京都地方裁判所により懲役7年。
　　　　住居侵入のため1935年12月25日大阪区裁判所により懲役7年（ママ）。
　　　　窃盗のため1937年8月27日大阪区裁判所により懲役1年6月。
　　　　窃盗及び詐欺のため194?年2月7日大阪区裁判所により懲役4年。
　　　　窃盗のため1946年8月18日岸和田区裁判所により懲役4年。
執行日：　1950年4月26日午前10時34分～午前10時48分15秒。
執行立会者：
　　大阪高等検察庁検察官　○○○　○○○。
　　大阪高等検察庁事務官　○○○　○○○。
遺体の取扱：　被執行者の遺体を受け取るよう求められた者がおらず、存命中の同人（？）の要望により、被執行者の遺体は○○大学に送られた。
存命中の通信：　同人と兄及び姉との関係は途絶えていた。その関係は疎遠であった。
特記事項：　同人は、公衆を驚愕させるに至った自らの過去の重罪を深く悔い、特に被害者に対する罪の意識に苦しみ、同人の弁護人がなした「控訴」を取下げ、宗教的な誠実さを持って残された人生を過ごしてきた。執行に際して、当所の首席矯正処遇官が同人に遺言があるか尋ねた。同人は、前日の送別会のときに、新憲法公布の3度目の記念日が近づく中、同人に対する執行が新しい刑事訴訟法の下で判決が言渡された最初の執行であるということに大きな意義があると考えていると言い残す事柄について述べていたため、それ以上話すことは何もないと述べて答えた。

　　　　　　　　　　　　　　　　　　　　　　　　　　大阪拘置所長
　　　　　　　　　　　　　　　　　　　　　　　　　　玉井策郎

Osaka Report.
Osaka Detention House
April 27, 1950.   (Delivered to P. D. on July 13, '50
                       by Toshio Kurata, C.& R. Bureau.)

To: Urashiro Furuhashi, Director of C. & R. Bureau, A. G. Q.
From: Sakuro Tsuni, Warden of Osaka Detention House.
Subject: Report on Execution.

Name: ▇▇▇▇ ▇▇▇▇.
Age: 46.
Home Domicile: No. ▇▇▇, ▇▇▇, ▇-mura, ▇▇▇-gun, ▇▇▇ Pa.
Address: c/o ▇▇▇▇, No. ▇, ▇▇▇-cho ▇-chome, ▇▇▇ City, ▇▇ Pa.
Occupation: None.
Crime: Robbery resulting in death.
Date of Sentenced and Court.
     1st Instance: On September 9, 1949, at Wakayama District Court.
     Finally decided: On January 31, 1950. (Appeal withdrawn.)
Previous Convicts: Eight previous Convicts.

December 12, 1919, Sakai Summary Court, Theft, One yr. Two(2) Mos. P. S.,S. S. during three(3) yrs.
August 31, 1925, Sakai Summary Court, Theft, One(1) Mo P. S.
January 31, 1926, Sakai Summary Court, Embezzlement, One(1) yr. P. S.
September 25, 1929, Kyoto District Court, Robbery, Theft and Embezzlement, Seven(7) Yr P.S
December 23, 1935, Osaka Summary Court, Housebreaking, Seven(7) yrs P. S.
August 27, 1937, Osaka Summary Court, Theft, One(1) yr Six(6) mos P. S.
February 7, 1942, Osaka Summary Court, Theft and Fraud, Four(4) yrs P. S.
August 12, 1946, Kishiwada Summary Court, Theft, Four(4) yrs. P. S.

Date of Execution: On April 26, 1950 from 10.34 a. m. to 10.48.15 second a. m.
Witness of Execution:
     ▇▇▇ ▇▇▇ Procurator of Osaka Higher Procurator Office.
     ▇▇▇ ▇▇▇ Secretary of Osaka Higher Procurator Office.
Treatment of Corps: As there was no person who asked to receive the corpse of the executed and by the request of them executed while in life, the corpse of the executed was sent to the Medical College of ▇▇▇ University.
Communication while in life: There was no relationship between him and his elder brother & sister. His relations were estranged from him.

- 1 -

●死刑執行始末書【整理番号17】

宮城刑務所
1950年5月15日（矯正保護局（C. & R.）T. くらたにより
1950年6月5日にP. B.に送達）

宛先： 法務府矯正保護局長　古橋浦四郎様
差出人： 宮城刑務所長　おぎゅう　はるお
件名： 死刑判決執行に関する報告

氏名： ○○○　○○○。
年齢： 26歳。
本籍地： ○○県○○村大字○○××番地。
現住所： ○○市○○町○○××番地。
職業： 無職。
罪名： 逃走、窃盗、強盗殺人及び強盗殺人未遂。
判決日及び裁判所：
　　第1審： 1947年5月30日　宇都宮地方裁判所。
　　第2審： 1948年2月　東京高等裁判所。
　　確定： 1949年5月26日　（上告取下げ）。
前科： 窃盗罪のため1941年2月2?6日大田原区裁判所により懲役8月執行猶予3年。窃盗罪のため1946年11月30日宇都宮区裁判所により懲役2年。宇都宮刑務所において同刑の執行中に逃走。
執行日： 1950年4月27日午前9時33分〜午前9時46分30秒。
執行立会者：
　　仙台地方検察庁検察官　○○○　○○○。
　　仙台地方検察庁事務官　○○○　○○○。
遺体の取扱： 存命中の被執行者の要望により、被執行者の遺体は解剖実習のために○○大学に送られた。
存命中の通信： 面会はなかった。被執行者は同人の兄である○○○　○○○に13?通、同じく同人の兄である○○○　○○○に2通、同人の義妹である○○○　○○○に2通の手紙を送った。同人は、同人の義妹である○○○　○○○から金銭を送る1通の手紙のみを受け取った。
特記事項： 執行に際して、同人は、自らの過去の犯罪を悔い、同人の犯罪に対する死刑判決の執行を待っていた。同様に、同人は、仏教の宗教的な誠実さを持って来世に生まれ変わりたいと述べていた。

宮城刑務所長
おぎゅう　はるお

Miyagi Prison.
May 15, 1950.   (Delivered to P. B. on June 5, '50
                 by T. Kurata, G. & R. Bureau.)

To: Urashiro Furuhashi, Bureau Director of C. & R. Bureau, A. G. O.

From: Haruo Ogyu, Warden of Miyagi Prison.

Subject: Report on Execution.

Name: ███████ ███████

Age: 25.

Home Domicile: ███, Oaza ███████, ███████-mura, ███████, Prefecture.

Address: ███, ███████-Cho, ███████-Machi, ███████ City.

Occupation: None.

Crime: Escape, Theft, Robbery & Murder, and Attempt to Robbery & Murder.

Date of Sentenced and Court:

    1st Instance: On May 29, 1947, at Utsunomiya District Court.

    2nd Instance: On February 1948, at Tokyo Higher Court.

    Finally Decided: On May 26, 1949 (Appeal withdrawn).

Previous Convicts: On Feb. 28, 1941, Eight months Penal Servitude at Otahara Ward Court by the crime of theft, S. S. during three years. On November 30, 1946, Two Years Penal Servitude at Utsunomiya Ward (Primary) Court by the crime of Theft. During execution of Penal Servitude in Utsunomiya Prison, escaped.

Date of Execution: On April 27, 1950 from 9.35 a. m. to 9.46.30 a. m.

Witness of Execution:

    ███████ ███████, Public Procurator of Sendai District Procurator Office.

    ███████ ███████, Secretary of Sendai District Procurator Office.

Treatment of Corpse: By the request of the executed while in life, the corpse of the executed was sent to Medical College of ███████ University for the purpose of operation.

Communication while in life: There was no reception. The executed sent letters, 15 letters to his elder brother ███████ ███████, 2 letters to ███████ also his elder brother and 2 letters his elder sister in law ███ ███████. He received only a letter from his elder sister in law ███ ███████, sending money.

Remarks: When executed, he was ready for execution of death sentence for his crime, deeply regretting his past crimes. He had been ████████ ██ ████ ████ ████████████████████████ ████ ██████. Also he had said that he would be reborn in future life with religious faith of Buddhism.

                                            Haruo Ogyu,
                                       Warden Miyagi Prison.

●死刑執行始末書【整理番号18】

再作成書類　大阪拘置所
　　　　　　1950年5月10日（矯正保護局（C. & R.）くらた　としお　により
　　　　　　1950年7月13日にP. B.に送達）

宛先：　法務府矯正保護局長　古橋浦四郎様
差出人：　大阪拘置所長　玉井策郎
件名：　死刑判決執行に関する報告

氏名：　○○○　○○○。
年齢：　27歳。
本籍地：　○○県○○郡○○村大字○○××番地。
現住所：　同上。
職業：　農業。
罪名：　強盗殺人、強盗殺人未遂。
判決日及び裁判所：
　　第1審：　1948年2月25日　徳島地方裁判所。
　　第2審：　1948年9月2?日　高松高等裁判所。
　　第3審：　1949年2月6日　最高裁判所　（上告棄却。）
前科：
　　屠殺に関する法律違反のため1946年4月15日脇町区裁判所により罰金?円。（窃盗（自転車）のため1947年4月1日徳島地方検察庁脇町支部により起訴猶予。）
執行日：　1950年5月9日午前10時44分50秒〜午前11時2分。
執行立会者：
　　大阪高等検察庁検察官　○○○　○○○。
　　大阪高等検察庁事務官　○○○　○○○。
遺体の取扱：
　　被執行者の遺体を受け取るよう求められた者がおらず、存命中の被執行者の要望により、被執行者の遺体は○○大学に送られた。解剖実習に供された後、遺体は同人の家族に送られた。
存命中の通信：
　　公判中、同人と同人の祖母、父及び他の親族との多数回の面会があった。当所収容後は、同人の家族が当所の相当遠方に在住していたため、面会はほとんどなかった。しかし、よい親密な関係に基づく多くの通信がなされた。
特記事項：
　　執行に際して、同人は言い残す全ての事柄は首席矯正処遇官に述べており、当所の職員の親切心に対して大きな恩義を感じているため、話すことは何もないと述べて、この世を去った。

　　　　　　　　　　　　　　　　　　　　　　　　大阪拘置所長
　　　　　　　　　　　　　　　　　　　　　　　　玉井策郎

Remade Report.   Osaka Detention House
                      May 10, 1950.   (Delivered to P. B. on July 15,'50
                                           by Toshio Murata, C. & R. Bureau.)

To: Urashiro Furuhashi, Director of C. & R. Bureau, A. G. O.

From: Sakuro Tamai, Warden of Osaka Detention House.

Subject: Report on Execution:

Name: ███ ███

Age: 37.

Home Domicile: No. ███, ███-cho, ███-mura, ███-gun, ███ Prefecture.

Address: Ditto.

Occupation: Farming.

Crime: Robbery and murder, Attempt to robbery and murder.

Date of Sentenced and Court:

    1st Instance: On February 26, 1948 at Tokushima District Court.

    2nd Instance: On September 28, 1948 at Takamatsu Higher Court.

    3rd Instance: On February 8, 1949 at Supreme Court (Jokoku Appeal rejected.)

Previous Convicts:

    On April 15, 1946, Wakimachi Summary Court, Violation of Slaughter-house Law, Fine ¥300.

    (On April 1, 1947, Tokushima D. P. O. Wakimachi Branch, Theft (Bycicle), Suspension of indi-tment.)

Date of Execution: On May 9, 1950 from 10.44.50 second a. m. to 11.03 a. m.

Witness of Execution:

    ███████ ███████, Procurator of Osaka Higher Procurator Office.

    ███ ███, Secretary of Osaka Higher Procurator Office.

Treatment of Corpse:

    As there was no person who asked to receive the corpse and by the request of the executed while in life, the corpse of the executed was sent to the Medical College of ███ University. And after operation, the remains was sent to his family.

Communication while in life:

    There had been many receptions between him and his grandmother and his father and other relations at the time of trial. In detention house, there were few receptions, because his family lived in far from the detention house. But there were many communications between them with good and close relationship.

Remarks:

    When executed, he left this world, saying that nothing to be said, because all matters left behind him had said to the Chief of Education Section and he was much in debted to us for our kind hearts.

                                               Sakuro Tamai,
                                             Chief of Osaka Detention House.

●死刑執行始末書【整理番号19】

　　　　　　　宮城刑務所
　　　　　　　1950年5月1?日（矯正保護局（C. & R.）T. くらたにより
　　　　　　　　　　　　　　　1950年6月5日にP. B.に送達）
宛先：　法務府矯正保護局長　古橋浦四郎様
差出人：　宮城刑務所長　おぎゅう　はるお
件名：　死刑判決執行に関する報告

氏名：　○○○　○○○。
年齢：　24歳。
本籍地：　○○県○○郡○○町○○××番地。
現住所：　住所不定。
職業：　無職。
罪名：　強盗致死及び窃盗。
判決日及び裁判所：
　　第1審：　1949年3月25日　千葉地方裁判所。
　　第2審：　1949年4月2日　判決確定。
前科：　戦時逃走罪及び国家総動員法違反のため1944年12月5日横須賀海軍基
　　　　地における軍法会議により懲役1年。詐欺罪、戦時逃走罪及び国家総
　　　　動員法違反のため1946年4月6日横須賀海軍基地における軍法会議に
　　　　より懲役1年6月。窃盗罪、詐欺罪及び横領罪のため1947年11月21日
　　　　千葉地方裁判所松戸支部によりにより懲役1年6月。
執行日：　1950年5月10日午前10時04分〜午前10時14分55秒。
執行立会者：
　　仙台地方検察庁検察官　○○○　○○○。
　　仙台地方検察庁事務官　○○○　○○○。
遺体の取扱：　存命中の被執行者の要望により、被執行者の遺体は○○大学に
　　　　送られた。
存命中の通信：　なし。
特記事項：　同人は、自らの過去の重罪を悔い、この世を去った。同人は同人
　　　　の過去の悪行に対して被害者遺族の赦しを請うと述べて遺言とした。

　　　　　　　　　　　　　　　　　　　　　　　　　宮城刑務所長
　　　　　　　　　　　　　　　　　　　　　　　　　おぎゅう　はるお

Miyagi Prison
May 18, 1950 (Delivered to P. B. on June 3, '50
by T. Kurata, C. & R. Bureau.)

To: Urashiro Furuhashi, Bureau Director of C. & R. Bureau, A. G. O.

From: Haruo Ogyu, Warden of Miyagi Prison.

Subject: Report on Execution.

Name: ▇▇▇▇

Age: 24.

Home Domicile: ▇, ▇▇▇▇, ▇▇▇▇-cho, ▇▇▇-Gun, ▇▇▇ Prefecture.

Adress: No fixed abode.

Occupation: None.

Crime: Robbery resulting in Death, and Theft.

Date of Sentenced and Court:

    1st Instance: On March 25, 1949 at Chiba District Court.

    2nd Instance: On April 3, 1949 Sentence finally decided.

Previous Convicts: On December 5, 1944, One year Penal Servitude was sentenced at Yokosuka Naval Station Court-Martial by the crime of War-time Escape & Violation of National Mobilization Law. On April 6, 1945, One year & Six months Penal Servitude was sentenced at Yokosuka N. S. C. M. by the crime of Fraud, War-time Escape and Viol. of N. M. L. On Nov. 21, 1947, One year & Six months Penal Servitude was sentenced at Matsudo Branch of Chiba District Court by the crime of Theft, Fraud and Embezzlement.

Date of Execution: On May 10, 1950 from 10.04 a. m. to 10.14.55 second a. m.

Witness of Execution:

    ▇▇▇ ▇▇▇▇, Public Procurator of Sendai District Procurator Office.

    ▇▇▇ ▇▇▇▇, Secretary of Sendai District Procurator Office.

Treatment of Corpse: By the request of the executed while inlife, the corpse of the executed was sent to the Medical College of ▇▇▇▇ University.

Communication while inlife: None.

Remarks: He left this world, deeply regretting his past great crime. He left the words, saying that he begged pardon of the bereaved family of the victim for his past bad act.

                                                Haruo Ogyu,
                                            Warden of Miyagi Prison.

●死刑執行始末書【整理番号20】

　　　　　　　宮城刑務所
　　　　　　　　1950年5月1?日（矯正保護局（C. & R.）T. くらたにより
　　　　　　　　　　　　　　　　　1950年6月5日にP. B.に送達）

宛先：　法務府矯正保護局長　古橋浦四郎様
差出人：　宮城刑務所長　おぎゅう　はるお
件名：　死刑判決執行に関する報告

氏名：　〇〇〇　〇〇〇。
年齢：　27歳。
本籍地：　〇〇県〇〇郡〇〇町〇〇番地。
現住所：　住所不定。
職業：　無職。
罪名：　住居侵入、強盗殺人及び窃盗。
判決日及び裁判所：
　　第1審：　1947年7月20日　横浜地方裁判所。
　　第2審：　1948年6月7日　東京高等裁判所。
　　第3審：　1949年2月24日　最高裁判所（上告棄却）。
　　確定：　同上。（ママ）
前科：　窃盗、逃走及び横領のため1945年12月27日華北派遣第5501師団特別裁
　　　判所により懲役1年6月。
執行日：　1950年5月1?日午前9時19分〜午前9時36?分。
執行立会者：
　　仙台地方検察庁検察官　〇〇〇　〇〇〇。
　　仙台地方検察庁事務官　〇〇〇　〇〇〇。
遺体の取扱：
　　存命中の被執行者の要望により、被執行者の遺体は〇〇大学に送られた。
存命中の通信：　なし。
特記事項：　執行に際して、同人は自らの過去の犯罪を悔い、死刑判決の執行
　　　を待っていた。

　　　　　　　　　　　　　　　　　　　　　　　宮城刑務所長
　　　　　　　　　　　　　　　　　　　　　　　おぎゅう　はるお

Miyagi Prison.
May 20, 1950.   (Delivered to P. B. on June 8, '50
                    by T. Kuroda, C. & R. Bureau.)

To: Urashiro Furuhashi, Bureau Director of C. & R. Bureau, A. G. S.

From: Haruo Ogwa, Warden of Miyagi Prison.

Subject: Report on Execution.

Name: ███ ███

Age: 27.

Home Domicile: ███, ███-Machi, ███-Gun, ███ Prefecture.

Address: No fixed abode.

Occupation: None.

Crime: Housebreaking, Robbery & Murder, and Theft.

Date of Sentence and Court:

    1st Instance: On July 29, 1947 at Yokohama District Court.

    2nd Instance: On June 7, 1948 at Tokyo Higher Court.

    3rd Instance: On February 24, 1949 at Supreme Court (Appeal rejected).

    Finally Decided: Do.

Previous Convicts: On December 27, 1942, One year and Six months Penal Servitude at North China Dispatched Corps NO 5,801 Special Court Marshall by the crimes of Theft, Escape and Embezzlement.

Date of Execution: On May 13, 1950 from 9.19 to 9.35 a. m.

Witness of Execution:

    ███ ███, Public Procurator of Sendai Public Procurator Office.

    ███ ███, Secretary of Sendai Public Procurator Office.

Treatment of the Corpse:

    By the request of the executed while in life, the corpse of the executed was sent to ███ Medical College.

Communication while in life: None.

Remarks: When executed, he was ready for execution of death sentence, deeply regretting his past crime.

                                                  Haruo Ogwa,
                                           Warden of Miyagi Prison.

●死刑執行始末書【整理番号21】

宮城刑務所
1950年6月7日（矯正保護局（C. & R.）くらた　としお により
1950年6月30日にP. B.に送達）

宛先：　法務府矯正保護局長　古橋浦四郎様
差出人：　宮城刑務所長　おぎゅう　はるお
件名：　死刑判決執行に関する報告

氏名：　○○○　○○○。
年齢：　39歳。
本籍地：　○○県○○郡○○村○○××番地。
現住所：　同上。
職業：　樵。
罪名：　強盗強姦致死。
判決日及び裁判所：
　　第1審：　1948年3月26日　千葉地方裁判所。
　　第2審：　1948年10月21日　東京高等裁判所。
　　第3審：　1949年4月2?日　最高裁判所。（上告棄却。）
前科：　強盗殺人未遂のため1932年4月2?日千葉地方裁判所により懲役7年。
執行日：　1950年5月16日午前10時02?分～午前10時15分45秒。
執行立会者：
　　仙台地方検察庁検察官　○○○　○○○。
　　仙台地方検察庁事務官　○○○　○○○。
遺体の取扱：　存命中の被執行者の要望により、被執行者の遺体は解剖実習のため○○大学に送られた。
存命中の通信：　同人の母と2回、同人の弟と5回、同人の妹と3回の面会があり、同人の母に5通、同人の弟に18通の手紙を送り、同人の弟から1通の手紙を受け取った。
特記事項：　執行に際して、同人は自らの過去の犯罪を悔い、自らの過去の犯罪に対する死刑判決の執行を待っていた。そして、同日に同人の人生が終わり、空に浮かぶ雲が同人の故郷へと帰っていくという日本の詩を遺言とした。

宮城刑務所長
おぎゅう　はるお

Miyagi Prison.
June 7, 1950. (Delivered to P. B. on June 30, '50
by Toshio Murata, C.& R. Bureau.)

To: Urachiro Furuhashi, Director of C. & R. Bureau, Attorney-General's Office.
From: Haruo Ogyu, Warden of Miyagi Prison.
Subject: Report on Execution.

Name: ███████
Age: 39.
Home Domicile: No. █, █████, ███-mura, ███-gun, ███ Prefecture.
Address: Ditto.
Occupation: Wood-cutter.
Crimes: Robbery and Rape resulting in death.
Date of Sentenced and Court:
    1st Instance: On March 26, 1948 at Chiba District Court.
    2nd Instance: On October 31, 1948 at Tokyo Higher Court.
    3rd Instance: On April 25, 1949 at Supreme Court. (Jokoku Appeal rejected.)
Previous Convict: On April 20, 1932, sentenced seven(7) years Penal Servitude at Chiba
    District Court by the crime of Attempting of to Robbery and Murder.
Date of Execution: On May 16, 1950 from 10.03 a. m. to 10.15.45 second a. m.
Witness of Execution:
    ███████, Public Procurator of Sendai District Procurator Office.
    ███████, Secretary of Sendai District Procurator Office.
Treatment of Corpse: By the request of the executed while in life, the corpse of the
    executed was sent to the Medical College of ███ University for the purpose of
    operation.
Communication while in life: There were receptions, two times between his mother, five
    times between his younger brother and three times between his younger sister, and
    then, he sent letters five times to his mother, eighteen times to his younger brother,
    and received a letter from his younger brother.
Remarks: When executed, he was ready for execution of death sentence for his past crime,
    deeply regretting it. And He left his words in Japanese Poem, saying that Today end-
    ed my life, cloud in the sky would come back his home land.

                                                    Haruo Ogyu,
                                                    Warden of Miyagi Prison.

●死刑執行始末書【整理番号22】

福岡刑務所
1950年5月1?日（矯正保護局（C. & R.）T. くらた により
1950年6月5日にP. B.に送達）

宛先： 法務府矯正保護局長　古橋浦四郎様
差出人： 福岡刑務所長　あらまき　せいしゅう
件名： 死刑判決執行に関する報告

氏名： ○○○　○○○。
年齢： 35?歳。
本籍地： ○○県○○郡○○村○○××番地。
現住所： ○○市○○××番地。
職業： 無職。
罪名： 強盗殺人。
判決日及び裁判所：
　　第1審： 194?年2月21日　鹿児島地方裁判所。
　　第2審： 1949年4月26日　控訴取下げ。
前科： なし。
執行日： 1950年5月1?日午前10時5?分?0秒〜午前11時07分。
執行立会者：
　　福岡地方検察庁検察官　○○○　○○○。
　　福岡地方検察庁事務官　○○○　○○○。
遺体の取扱： 存命中の被執行者の要望により、被執行者の遺体は火葬された。
存命中の通信： 同人の家族は1人を除いて全員南米へ移民しており、妹の○○子は京都に在住しているものの住所がわからなかったため、通信は全くなかった。
特記事項： 同人は、自らの過去の犯罪を強く悔い、この世を去った。

福岡刑務所長
あらまき　せいしゅう

Fukuoka Prison.
May 18, 1950.   (delivered to P. B. on June 5, 1950
                 by T. Kurata, C. & R. Bureau.)

To: Urashiro Furuhashi, Bureau Director of C. & R. Bureau, A. G. O.
From: Seishu Aramaki, Warden of Fukuoka Prison.
Subject: Report on Execution.

Name: ████ ████████
Age: 35.
Home Domicile: ███. ████████-Ward, ████-mura, ████████-Gun, ████████ Prefecture.
Address: c/o ████████, ████-Cho, ████ City.
Occupation: None.
Crime: Robbery and Murder.
Date of Sentenced and Court:
    1st Instance: On February 21, 1948 at Kagoshima District Court.
    2nd Instance: On April 26, 1948 Appeal withdrawn.
Previous Convicts: None.
Date of Execution: On May 17, 1950 from 10.58.30 second to 11.07 a. m.
Witness of Execution:
    ████ ████ Public Procurator of Fukuoka District Procurator Office.
    ████ ████ Secretary of Fukuoka District Procurator Office.
Treatment of Corpse: By the request of the executed while in life, the corpse of the executed was cremated.
Communication while in life: There was no communication, because all his family had gone to ████ ██████, his younger sister Matsuko lived in Kyoto, but address unknown.
Remarks: He left this world, regretting his past crime strongly.

                                        Seishu Aramaki,
                                        Warden of Fukuoka Prison.

●死刑執行始末書【整理番号23】

　　　　　　　福岡刑務所
　　　　　　　1950年6月17日（矯正保護局（C. & R.）くらた としお により
　　　　　　　　　　　　　　　　　　　1950年6月30日にP. B.に送達）
宛先：　法務府矯正保護局長　古橋浦四郎様
差出人：　福岡刑務所長　あらまき　せいしゅう
件名：　死刑判決執行に関する報告

氏名：　○○○　○○○。
年齢：　28歳。
本籍地：　○○県○○市○○町○丁目○○番地。
現住所：　住所不定。
職業：　無職。
罪名：　強盗殺人。
判決日及び裁判所：
　　第1審：　1948年1月23日　長崎地方裁判所。
　　第2審：　1948年9月2日　福岡高等裁判所。
　　第3審：　1949年3月3日　最高裁判所。　（上告棄却）。
前科：
　　窃盗罪のため1942年3月31日長崎地方裁判所により懲役1年執行猶予3年。（1942年12月22日執行猶予取消し）。
　　窃盗罪のため1942年11月25日小倉区裁判所により懲役1年。
　　窃盗罪のため1944年10月9日小倉区裁判所により懲役1年。
　　窃盗罪のため1945年12月5日佐世保区裁判所により懲役2年。（1947年10月17日仮釈放）
執行日：　1950年6月14日午前10時32分～午前10時43分20秒。
執行立会者：：
　　福岡高等検察庁検察官　○○○　○○○。
　　福岡高等検察庁事務官　○○○　○○○。
遺体の取扱：　存命中の被執行者の要望により、被執行者の遺体は解剖実習のために○○大学に送られた。
存命中の通信：　同人と同人の家族との間には10回を超える面会及び通信があった。
特記事項：　同人は、自らの過去の犯罪を深く悔い、何も言い残すことはなく、遺体は解剖実習のために医科大学に送って欲しいと述べて、この世を去った。

　　　　　　　　　　　　　　　　　　　　　　　福岡刑務所長
　　　　　　　　　　　　　　　　　　　　　　　あらまき　せいしゅう

Fukuoka Prison.
June 17, 1950.   (Delivered to P. B. on June 30, '50
                    By Toshio Kurata, C. & R. Bureau.)

TO: Urahiro Furuhashi, Director of C. & R. Bureau, Attorney-General's Office.

From: Seishu Aramaki, Warden of Fukuoka Prison.

Subject: Report on Execution.

Name: ▓▓▓▓▓▓

Age: 28.

Home Domicile: No. ▓▓, ▓-machi ▓-chome, ▓▓▓▓ City, ▓▓▓▓ Prefecture.

Address: No fixed abode.

Occupation: None.

Crime: Robbery and Murder.

Date of Sentenced and Court:

    1st Instance: On January 23, 1948, at Nagasaki District Court.

    2nd Instance: On September 3, 1948, at Fukuoka Higher Court.

    3rd Instance: On March 5, 1949, at Supreme Court. (Appeal – Jokoku rejected).

Previous Convicts:

    On March 31, 1942, One(1) Yr Penal Servitude sentenced at Nagasaki District Court by the crime of Theft. Sentence suspended during three Yrs. (Revoked Dec. 23, '42).
    On November 25, 1942, One(1) Yr P. S. sentenced at Kokura Local Court by the crime of Theft.
    On October 9, 1944, One(1) Yr P. S. sentenced at Kokura Local Court by the crime of Theft.
    On December 5, 1945, Two(2) Yrs P. S. sentenced at Sasebo Local Court by the crime of Theft. (On October 17, 1947 released on parole.)

Date of Execution: On June 14, 1950 from 10.33 a. m. to 10.43.20 second a. m.

Witness of Execution:

    ▓▓▓▓▓▓▓▓, Public Procurator of Fukuoka Higher Procurator Office.

    ▓▓▓▓▓▓▓▓, Secretary of Fukuoka Higher Procurator Office.

Treatment of Corpse: By the request of the executed while in life, the corpse of the executed was sent to Medical College of ▓▓▓▓ University for the purpose of operation.

Communication while in life: There were above ten times receptions and communications between he and his relatives.

Remarks: He left this world, deeply regretting his past crimes and saying that nothing to say & his corpse to be sent to medical college for operation.

                                              Seishu Aramaki,
                                          Warden of Fukuoka Prison.

●死刑執行始末書【整理番号24】

謄本　　　　　　　（矯正保護局（C. & R.）くらた　としお により
　　　　　　　　　　　　　　　　　1950年11月7日にP. B.に送達）
　　　　　　大阪拘置所
　　　　　　1950年6月17日

宛先：　法務府矯正保護局長　古橋浦四郎様
差出人：　大阪拘置所長　玉井策郎
件名：　死刑判決執行に関する報告

氏名：　○○○　○○○。
年齢：　31歳。
本籍地：　大韓民国○○道○○郡○○面○○里○○番地不明。
現住所：　○○府○○市○○町○○番地。
職業：　無職。
罪名：　強盗殺人及び強盗殺人未遂。
判決日及び裁判所：
　　第1審：　1947年3月17日　奈良地方裁判所。
　　第2審：　1949年1月25日　大阪高等裁判所。
　　第3審：　1949年7月2日　最高裁判所　（上告棄却。）
　　SCAPによる審査：　1950年3月17日　審査申立棄却。
執行日：　1950年6月15日午前10時51分～午前11時11分。
執行立会者：
　　大阪高等検察庁検察官　○○○　○○○。
　　大阪高等検察庁事務官　○○○　○○○。
遺体の取扱：
　　存命中の被執行者の要望により、被執行者の遺体は検死解剖のために○○大学に送られた。遺品は同人の兄○○○　○○○に送られた。
存命中の通信：
　　同人の両親は本籍地に健康で在住しており、日本には同人の妻、兄、妹等が近隣に在住していたため、家族との間に親密な関係に基づく多くの面会及び通信があった。
特記事項：
　　同人は、公衆を驚愕させるに至った自らの過去の重罪を深く悔い、特に被害者に対する罪の意識に苦しみ、宗教的な誠実さを持って残された人生を過ごし、執行に際して、同人は当所の職員に多くの感謝の言葉を述べた。

　　　　　　　　　　　　　　　　　　　　　　　　　大阪拘置所長
　　　　　　　　　　　　　　　　　　　　　　　　　玉井策郎

(COPY ‒

(Delivered to P. B. on November 7, 1950
by Toshio Kurata, C. & R. Bureau.)

Osaka Detention House
June 17, 1950

To: Urashiro Furuhashi, Director of C. & R. Bureau, Attorney-General's Office.
From: Sakuro Tamai, Warden of Osaka House of Detention.
Subject: Report on Execution.

Name: ███████
Age: 31.
Home Domicile: No. unknown, ██████, ████-ri, ████-men, ████-gun, ████-do, Korea
Address: No. ██, █████-cho, ████ City, ████ Fu.
Occupation: None.
Crimes: Robbery & Homicide, and Attempt to Robbery & Homicide.
Date of Sentenced and Court:
    1st Instance: On March 17, 1947 at Nara District Court.
    2nd Instance: On January 25, 1949 at Osaka Higher Court.
    3rd Instance: On July 2, 1949 at Supreme Court (Jokoku Appeal rejected.)
    Reviewed by SCAP: On March 17, 1950 Petition for Reviewing rejected.
Date of Execution: On June 15, 1950 from 10.51 a. m. to 11.11 a. m.
Witness of Execution:
    ████ Public Procurator of Osaka Higher Procurator Office.
    ████ Secretary of Osaka Higher Procurator Office.

Treatment of the Corpse:
    By the request of the executed while in life, the corpse of the executed was sent to the Medical College of ████ University for the purpose of scientific research operation. Only the remains was sent to his elder brother, ████ ████.

Communication while in life:
    His parents lived in the Home Domicile in good health, and in Japan there are and were his wife, elder brother and younger sister and so, living in his neighbourhood, so there were many receptions and communications between him and them with close relationships.

Remarks:
    When executed, he left many words of thanks to detention house officials, deeply regretting his past great crime that had taken the public by suprise, especially suffering from guilty conscience for the victim and spending his life with religious faith.

                                Sakuro Tamai,
                                Warden of Osaka House of Detention.

●死刑執行始末書【整理番号25】

謄本　　　　　　　（矯正保護局（C. & R.）くらた　としお により
　　　　　　　　　　　　　　　　　　1950年11月7日にP. B.に送達）
　　　　　　　大阪拘置所
　　　　　　　1950年6月17日

宛先：　法務府矯正保護局長　古橋浦四郎様
差出人：　大阪拘置所長　玉井策郎
件名：　死刑判決執行に関する報告

氏名：　○○○　○○○　○○○こと○○○　○○○。
年齢：　41歳。
本籍地：　大韓民国○○道○○島○○邑○○里○○。
現住所：　○○府○○市○○町○○番地。
職業：　無職。
罪名：　強盗殺人及び強盗殺人未遂。
判決日及び裁判所：
　　第1審：　1947年3月17日　奈良地方裁判所。
　　第2審：　1949年1月25日　大阪高等裁判所。
　　第3審：　1949年7月2日　最高裁判所（上告棄却。）
　　SCAPによる審査：　1949年11月28日　審査申立棄却。
前科：
　　賭博のため1943年12月28日大阪区裁判所により罰金50円。
執行日：　1950年6月15日午後1時54分～午後2時07分。
執行立会者：
　　大阪高等検察庁検察官　○○○　○○○。
　　大阪高等検察庁事務官　○○○　○○○。
遺体の取扱：
　　無資力を理由に同人の家族が被執行者の遺体を受け取ることができなかったため、被執行者の遺体は火葬され、遺品だけが同人の妻○○子に送られた。
存命中の通信：
　　同人の両親及び兄弟が本籍地に在住しており、同人の妻と小さな子供たちのみが同人の現住所に在住して収入もなく貧しい環境に追いやられていたため、存命中、被執行者と家族との面会はほとんどなかったものの、家族との間に親密な関係に基づく多くの通信があった。
特記事項：
　　同人は被害者に対する罪の意識に苦しみながらも、殺人罪の共犯とされたことを納得することができず、殺人罪を実行していないとの信念のために悩んでいたものの、その後、過去の犯罪に対する罪の意識に苦しみ、クリスチャンの宗教的な誠実さを持って、残された人生を過ごした。
　　執行に際して、同人は日本人の被収容者と同様に韓国人である同人が処遇されたことについて当所の職員の愛に感謝の言葉を述べた。

　　　　　　　　　　　　　　　　　　　　　　　大阪拘置所長
　　　　　　　　　　　　　　　　　　　　　　　玉井策郎

COPY

(Delivered to P. B. on November 7, 1950
by Toshio ■urata, C. & R. Bureau.)

Osaka House of Detention
June 17, 1950

To: Urashiro Furuhashi, Director of C. & R. Bureau, Attorney-General's Office.
From: Sakuro Tamai, Warden of Osaka House of Detention.
Subject: Report on Execution.

Name: ■■■■■■, alias ■■■■.
Age: 41.
Home Domicile: ■■■■, ■■■-ri, ■■■-yu, ■■■-to, ■■do, Korea.
Address: No. ■, ■■■■■-cho, ■■ City, ■■ Fu.
Occupation: None.
Crime: Robbery & Homicide, and Attempt to Robbery & Homicide.
Date of Sentenced and Court:
    1st Instance: On March 17, 1947 at Nara District Court.
    2nd Instance: On January 25, 1949 at Osaka Higher Court.
    3rd Instance: On July 2, 1949 at Supreme Court (Jokoku Appeal rejected.)
    Reviewed by SCAP: On November 26, 1949 Petition for Reviewing rejected.
Previous Convicts:
    On December 28, 1943, Osaka Summary Court, Gambling, Fine of fifty(50) yen.
Date of Execution: On June 15, 1950 from 1.54 p. m. to 2.07 p. m.
Witness of Execution:
    ■■■■ ■■■, Public Procurator of Osaka Higher Procurator Office.
    ■■■ ■■■■, Secretary of Osaka Higher Procurator Office.
Treatment of Corpse:
    As his family could not receive the corpse of the executed because of no means, so the corpse of the executed was cremated and only the remains were sent to his wife, ■■■■.
Communication while in life:
    As his parents and brothers lived in Home Domicile and only his wife and little children lived in the Address who had no income and were pressed in poor circumstances, so there were few receptions between the executed and them while in life, however, there were many communication by letters between them with close relationships.
Remarks:
    He had been suffering from guilty conscience for the victim, however, worried by his belief of not committed the homicide, being unable to understand the complicity for the crime of homicide, and afterwards he had been suffering from guilty conscience for the past crime and spending his last life with religious faith of Christian.
    When executed, he was thankful for Detention House official's love to him Korean treated all same as to Japanese inmates.

Sakuro Tamai,
Warden of Osaka Detention House.

●死刑執行始末書【整理番号26】

福岡刑務所
1950年7月12日（矯正保護局（C. & R.）くらた としお により
1950年7月27日にP. B.に送達）

宛先： 法務府矯正保護局長　古橋浦四郎様
差出人：　福岡刑務所長　あらまき　せいしゅう
件名：　死刑判決執行に関する報告

氏名：　　○○○　○○○。
年齢：　　56歳。
本籍地：　○○県○○郡○○町字○○××番地。
現住所：　○○市○○町○○○　○○○方。
職業：　　廃品回収業。
罪名：　　強盗殺人並びに死体損壊及び遺棄。
判決日及び裁判所：
　　第1審：　1949年12月24日　福岡地方裁判所小倉支部。
　　確定：　1950年1月8日。
前科：
　　1. 放火未遂及び窃盗のため1908?年2月17日宮崎区裁判所により懲役2年及び監視6月。
　　2. 窃盗及び横領のため1910年4月6日鹿児島区裁判所により懲役4年。
　　3. 窃盗及び横領のため1915年4月21日八代区裁判所により懲役4年。
　　4. 窃盗のため1921年7月21日鶴岡区裁判所により懲役10月。
　　5. 窃盗のため1924年3月8?日宮崎区裁判所により懲役4年。
　　6. 窃盗のため1933年2月3日岡山区裁判所により懲役4年。
　　7. 窃盗のため1938年3月15日熊本区裁判所により懲役2年。
　　8. 窃盗及び横領のため1941年4月19日八代区裁判所により懲役3年。
　　9. 窃盗及び戦時窃盗のため1944年7月26日熊本区裁判所により懲役7年。
執行日：　1950年7月5日午前10時21分～午前10時35分30秒。
執行立会者：
　　福岡地方検察庁検察官　　○○○　　○○○。
　　福岡地方検察庁事務官　　○○○　　○○○。
遺体の取扱：
　　存命中の被執行者の要望により、被執行者の遺体は○○大学に送られた。
存命中の通信：　なし。
特記事項：
　　同人は、自らの過去の重大な犯罪行為を深く悔い、被害者の冥福を祈り、第一審判決に直ちに服した。

福岡刑務所長
あらまき　せいしゅう

Fukuoka Prison
July 12, 1950. (Delivered to P.B. on July 27, 1950
by Toshie Kurata, C. & R. Bureau.)

To: Urashiro Furuhashi, Director of C. & R. Bureau, A. G. O.

From: Seishu Aramaki, Warden of Fukuoka Prison.

Subject: Report on Execution.

Name: ██████ ███

Age: 55.

Home Domicile: No. ██, Aza ███████, ████████, ████████, ██ Prefecture.

Address: c/o █████, ████-cho, █████ City.

Occupation: Ragpicker.

Crimes: Robbery & murder, and damage & desertion of dead bodies.

Date of Sentenced and Court:

    1st Instance: On December 24, 1949 at Kokura Branch of Fukuoka District Court.

    Finally decided: On January 8, 1950.

Previous Convicts:

1. February 17, 1908. Miyazaki District Court. Attempt to arson, and Theft. Two(2) years of major imprisonment and six(6) months of observation.
2. August 6, 1910. Kagoshima D. C. Theft and Embezzlement. Four(4) years P. S.
3. April 21, 1915. Izushiro Summary C. Theft and embezzlement. Four(4) years P. S.
4. July 21, 1931. Tsuruoka Summary Court. Theft. Ten(10) months P. S.
5. March 8, 1934. Miyazaki Summary C. Theft. Four(4) years P. S.
6. February 5, 1952. Okayama Summary C. Theft. Four(4) years P. S.
7. March 15, 1938. Kumamoto Summary C. Theft. Two(2) years P. S.
8. April 19, 1941. Iatsushiro Summary C. Theft and Embezzlement. Three(3) years P. S.
9. July 26, 1944. Kumamoto Summary C. Theft in War-time and theft. Seven(7) years P. S.

Date of Execution: On July 5, 1950 from 10.21 a. m. to 10.35,30 second a. m.

Witness of Execution:

    ████ ███, Public Procurator of Fukuoka District Investigator Office.
    ████ ███, Secretary of Fukuoka District Procurator Office.

Treatment of Corpse:

    By the request of the executed while in life, the corpse of the executed was sent to the Medical College of █████.

Communication while in life: None.

Remarks:

    He submitted to the sentence of the first instance immediately, deeply regretting his past great crimes of conducts and praying for blessing of the victims.

                                  Seishu Aramaki,
                                  Warden of Fukuoka Prison.

●死刑執行始末書【整理番号27】

(矯正保護局(C. & R.) くらた としお により
1950年7月30日にP. B.に送達)

大阪拘置所
1950年7月6？日

宛先： 法務府矯正保護局長　古橋浦四郎様
差出人： 大阪拘置所長　玉井策郎
件名： 死刑判決執行に関する報告

氏名： ○○○　○○○。
年齢： 24歳。
本籍地： ○○市○○町○○番地。
現住所： ○○県○○郡○○町○○××番地○○○　○○○方。
職業： 大工の棟梁。
罪名： 住居侵入、強盗傷人、強盗、強盗殺人。
判決日及び裁判所：
　　第1審： 1947年7月5日　奈良地方裁判所。
　　第2審： 1948年12月9日　大阪高等裁判所。
　　第3審： 1949年5月26日　最高裁判所　(上告棄却。)
前科：
　　窃盗のため1941年4月4日大阪区裁判所により懲役1年執行猶予3年。
　　窃盗及び戦時窃盗のため1944年8月4日大阪区裁判所により懲役3年。
執行日： 1950年7月5？日午前10時34分～午前10時48？分10秒。
執行立会者：
　　大阪高等検察庁検察官　○○○　○○○。
　　大阪高等検察庁事務官　○○○　○○○。
遺体の取扱：
　　存命中の被執行者の要望により、被執行者の遺体は○○大学に送られ、遺品は同人の現住所在住の同人の父に送付するよう用意がなされていた。
存命中の通信：
　　同人の現住所に貧しい家庭環境において在住する両親がおり、わずかな面会があったにすぎないものの、同人及び近親者との多くの通信があった。
特記事項：
　　同人は公衆を驚愕させるに至った自らの過去の重罪を深く悔い、被害者に対する罪の意識に苦しみ、宗教的な誠実さを持って、残された人生を過ごした。
　　執行に際して、同人は当所の職員に感謝の言葉を述べ、検察官に謝罪し、同人の家族に同人の衣類を送付するよう遺言した。

大阪拘置所長
玉井策郎

(Delivered to P. B. on July 28, 1950
by Toshio Murota, C. & R. Bureau.)

Osaka Detention House
July 8, 1950.

To: Yoshihiro Furuhashi, Director of C. & R. Bureau, Attorney-General's Office.
From: Sakuro Tamai, Warden of Osaka Detention House.
Subject: Report on Execution.

Name: ■■■ ■■■.
Age: 34.
Home Domicile: No. ■■■, ■■■■■■■■-cho, ■■■■■ City.
Address: c/o ■■■■■■■■, No. ■■■, Kitano, ■■■■■-cho, ■■■■-gun, ■■■■ Pref.
Occupation: A Head of Eating House.
Crime: Housebreaking, Robbery & Injury, Robbery and Robbery & Murder.
Date of Sentenced and Court:
    1st Instance: On July 5, 1947 at Nara District Court.
    2nd Instance: On December 9, 1948 at Osaka Higher Court.
    3rd Instance: On May 28, 1949 at Supreme Court (Jokoku Appeal rejected.)
Previous Convicts:
    April 4, 1941, Osaka Summary Court, Theft, Over one(1) year and Under three(3) years P.S.
    August 4, 1944, Okayama Summary Court, Theft and Theft in war-time, Three(3) years P. S.
Date of Execution: On July 8, 1950 from 10.34 a. m. to 10.46.10 second a. m.
Witness of Execution:
    ■■■■ ■■■■, Public Procurator of Osaka Higher Procurator Office.
    ■■■■ ■■■■, Secretary of Osaka Higher Procurator Office.
Treatment of Corpse:
    By the request of the executed while in life, the corpse of the executed was sent to the Medical College of ■■■■■ University, and the remains were made ready for delivering to his father who lived in the present address.
Communication while in life:
    As there were only his parents who lived in the present address in poor family condition, there were few receptions, but there were many communications between them with close relationships.
Remarks:
    Deeply regretting his past great crime that had taken the public by surprise, especially suffering from guilty conscience for the victims and spending his life with religious faith.
    When executed, he left words of thanks to detention house officials and apology to Public Procurator and requests for delivering of his clothes to his family.

Sakuro Tamai,
Warden of Osaka Detention House.

●死刑執行始末書【整理番号28】

再作成書類
　　　　　　　　　大阪拘置所
　　　　　1950年6月17日（矯正保護局（C. & R.）くらた　としお により
　　　　　　　　　　　　　　　　1950年7月13日にP. B.に送達）

宛先：　法務府矯正保護局長　古橋浦四郎様
差出人：　大阪拘置所長　玉井策郎
件名：　死刑判決執行に関する報告

氏名：　○○○　○○○。
年齢：　25歳。
本籍地：　○○県○○郡○○村○○××番地。
現住所：　住所不定。
職業：　無職。
罪名：　強盗致傷、強盗殺人及び窃盗。
判決日及び裁判所：
　　第1審：　194?年2月27日　神戸地方裁判所姫路支部。
　　第2審：　194?年10月27日　大阪高等裁判所。
　　第3審：　1949年4月26日　最高裁判所。（上告棄却。）
前科：
　　殺人予備のため1946年8月1?日神戸区裁判所により懲役1年。
執行日：　1950年7月1?日午前10時37分～午前10時52分10秒。
執行立会者：
　　大阪高等検察庁検察官　○○○　○○○。
　　大阪高等検察庁事務官　○○○　○○○。
遺体の取扱：
　　存命中の被執行者の要望により、被執行者の遺体は解剖実習のために○○大学に送られた。
存命中の通信：
　　同人と当拘置所から遠く離れた本籍地に在住している同人の両親及び兄らとの面会はほとんどなく、同人らの間で多くの通信がなされたものの、同人らは疎遠であった。
特記事項：
　　同人は公衆を驚愕させるに至った自らの過去の重罪を深く悔い、特に被害者に対する罪の意識に苦しみ、日夜自分自身を苛んでいたものの、執行の数日前には（？）信心深い生活を送り、同人の行為の被害者の魂の静寂のために祈っていた。
　　執行に際して、同人は、現世では自らの身は亡びるものの、来世にはブッダの慈悲深い御心のうちに暮らすことができるとの別れの詩を残した。

　　　　　　　　　　　　　　　　　　　　　　　　　大阪拘置所長
　　　　　　　　　　　　　　　　　　　　　　　　　玉井策郎

Remote Report.　　　　　　　Osaka Detention House
　　　　　　　　　　　　　　June 17, 1950.　　(Delivered to P. B. on July 15, 1950
　　　　　　　　　　　　　　　　　　　　　　　by Toshio Murata, C. & R. Bureau.)

To: Urashiro Furuhashi, Director of C. & R. Bureau, A. G. O.
From: Sakuro Tamai, Warden of Osaka Detention House.
Subject: Execution Report of Death Sentence.
　　　　　　　　　　　　　———————————

Name: ███████.
Age: 35.
Home Domicile: No. ███, ███████, ███-mura, ███-gun, ████ Prefecture.
Address: No fixed abode.
Occupation: None.
Crime: Robbery and Injury, Robbery and Murder, and Theft.
Date of Sentenced and Court:
　　1st Instance: On February 27, 1948 at Himeji Branch of Kobe District Court.
　　2nd Instance: On October 27, 1948 at Osaka Higher Court.
　　3rd Instance: On April 26, 1949 at Supreme Court. (Jokoku Appeal rejected.)
Previous Convict:
　　On August 15, 1946, Kobe Summary Court, Preparation of murder., One(1) year P/ S.
Date of Execution: On June 15, 1950 from 10.37 a. m. to 10.52.10 second a. m.
Witness of Execution:
　　████████, Procurator of Osaka Higher Procurator Office.
　　████████, Secretary of Osaka Higher Procurator Office.
Treatment of the Corpse:
　　By the request for operation of the corpse while in life, the corpse of the executed
was sent to the Medical College of ██████ University.
Communication while in life:
　　There were few receptions between him and his parents & elder brothers who lived in Home
Domicile that was far from the detention house, and there were many communications between
them, but they were estranged from him.
Remarks:
　　Deeply regretting his past great crime that had taken the public by surprise, especially
suffering from guilty conscience for the victim and worrying himself day and night, but since
the few days before execution, he lead a pious life, praying for the repose of a soul for the
victim of his misdemeanor.
　　When executed, he left a farewell poem behind him saying that he ruined himself in this
world but he would live in the merciful heart of the Buddha in the future life.

　　　　　　　　　　　　　　　　　　　　　　　　　　　Sakuro Tamai,
　　　　　　　　　　　　　　　　　　　　　　　　　　　Chief of Osaka Detention House.

●死刑執行始末書【整理番号29】

　　　　　名古屋刑務所
　　　　　1950年8月10日（矯正保護局（C. & R.）くらた　としお により
　　　　　　　　　　　　　　　　　　　1950年9月6日にP. B.に送達）

宛先：　法務府矯正保護局長　古橋浦四郎様
差出人：　宮城刑務所長　しまだ　こうじ
件名：　死刑判決執行に関する報告

氏名：　〇〇〇　〇〇〇。
年齢：　29歳。
本籍地：　〇〇県〇〇郡〇〇町字〇〇××番地。
現住所：　住所不定。
職業：　無職。
罪名：　住居侵入、窃盗、強盗未遂、殺人及び公務執行妨害。
判決日及び裁判所：
　　第1審：　1947年10月28日　津地方裁判所。
　　第2審：　1948年5月19日　名古屋高等裁判所。
　　第3審：　1949年2月24日　最高裁判所（上告棄却。）
前科：
　　窃盗のため1946年4月6日神戸区裁判所により懲役2年。
執行日：　1950年8月9日午前10時37分〜午前10時54分。
執行立会者：
　　名古屋高等検察庁検察官　〇〇〇　〇〇〇。
　　名古屋高等検察庁事務官　〇〇〇　〇〇〇。
遺体の取扱：　同人の家族には死刑執行を知らせず、解剖実習に供するのではなく埋葬して欲しいとの存命中の被執行者の要望により、被執行者の遺体は、監獄法74条（ママ）に従って、当所の埋葬地に埋葬された。
特記事項：　判決確定後、同人は恩赦を求めることもなく、自らの過去の重罪を深く悔い、死刑執行を待っていた。

　　　　　　　　　　　　　　　　　　名古屋刑務所長
　　　　　　　　　　　　　　　　　　しまだ　こうじ

Nagoya Prison
August 10, 1950 (Delivered to P. B. on Sep. 6, 1950
by Toshio Kurata, C. & R. Bureau.)

To: Urashiro Furuhashi, Director of C. & R. Bureau, A. G. O.

From: Koji Shimada, Warden of Nagoya Prison.

Subject: Report on Execution.

Name: ███████

Age: 29.

Home Domicile: No. ██, ██████, ███-cho, ███-gun, ██████ Prefecture.

Address: No fixed abode.

Occupation: None.

Crime: Housebreaking, Theft, Attempt to Robbery, Homicide and Obstructing Official Business.

Date of Sentenced and Court:

    1st Instance: On October 28, 1947 at Tsu District Court.

    2nd Instance: On May 19, 1948 at Nagoya Higher Court.

    3rd Instance: On February 24, 1949 at Supreme Court (Appeal rejected.)

Previous Convicts:

    On April 6, 1946, Kobe Summary Court, Theft, Two(2) years Penal Servitude.

Date of Execution: On August 9, 1950 from 10.37 a. m. to 10.54 a. m.

Witness of Execution:

    ███████, Public Procurator of Nagoya Higher Procurator Office.

    ███████, Secretary of Nagoya Higher Procurator Office.

Treatment of Corpse: By the request of the executed while in life, for no information of his death execution to his family and for burial instead of operation of the corpse, the corpse of the executed was buried to prison burial ground previtionally, in accordance with the Article 75 of Prison Law.

Communication while in life: None.

Remarks: After sentence finally decided, he did not request for amnesty, and was ready for death execution, deeply regretting his past great crime.

                                          Koji Shimada,
                                        Warden of Nagoya Prison.

●死刑執行始末書【整理番号30】

　　　　　　福岡刑務所
　　　　　　1950年8月16日（矯正保護局（C. & R.）くらた としお により
　　　　　　　　　　　　　　　　　　　　1950年9月6日にP. B.に送達）

宛先：　法務府矯正保護局長　古橋浦四郎様
差出人：　福岡刑務所長　あらまき　せいしゅう
件名：　死刑判決執行に関する報告

氏名：　○○○　○○○。
年齢：　32歳。
本籍地：　○○県○○市○○町○○××番地。
現住所：　住所不定。
職業：　無職。
罪名：　強盗殺人及び殺人。
判決日及び裁判所：
　　第1審：　1947年7月17日　鹿児島地方裁判所。
　　第2審：　1948年3月30日　福岡高等裁判所。
　　第3審：　1949年4月16日　最高裁判所（上告棄却）。
前科：
　　有価証券偽造、印章偽造及び詐欺のため1943年6月10日福岡区裁判所により懲役1年。
執行日：　1950年8月10日午前11時00分～午前11時14分40秒〔「40秒」の部分について削除か下線か不明——筆者注〕。
執行立会者：
　　福岡高等検察庁検察官　○○○　○○○。
　　福岡高等検察庁事務官　○○○　○○○。
遺体の取扱：　存命中の被執行者の要望により、被執行者の遺体は○○大学に送られた。
存命中の通信：　なし。
特記事項：　同人は、自らの過去の犯罪を深く悔い、この世を静かに去った。

　　　　　　　　　　　　　　　　　　　　福岡刑務所長
　　　　　　　　　　　　　　　　　　　　あらまき　せいしゅう

Fukuoka Prison
August 16, 1950 (Delivered to P. B. on Sep. 6, 1950
by Toshio Kurata, C. & R. Bureau.)

To: Urashiro Furuhashi, Director of C. & R. Bureau, A. G. O.
From: Seishu Aramaki, Warden of Fukuoka Prison.
Subject: Report on Execution.

Name: ███████ ████
Age: 32.
Home Domicile: No. ███, ████████, ████████-cho, ████-gun, ████████ Prefecture.
Address: No fixed abode.
Occupation: None.
Crime: Robbery and Homicide, and Homicide.
Date of Sentenced and Court:
    1st Instance: On July 17, 1947 at Kagoshima District Court.
    2nd Instance: On March 30, 1948 at Fukuoka Higher Court.
    3rd Instance: On April 16, 1949 at Supreme Court (Jokoku Appeal rejected.)
Previous Convict:
    On June 10, 1943, Fukuoka Summary Court, Forgery of Valuable Securities, Counterfeiting Seals and Fraud. One(1) year Penal Servitude.
Date of Execution: On August 10, 1950 from 11:00 a. m. to 11:14. a. m.
Witness of Execution:
    ███████████, Public Procurator of Fukuoka Higher Procurator Office.
    ███████████, Secretary of Fukuoka Higher Procurator Office.
Treatment of Corpse: By the request of the executed while in life, the corpse of the executed was sent to the Medical College of Kyushu University.
Communication while in life: None.
Remarks: He left this world, deeply regretting his past crime.

Seishu Aramaki,
Warden of Fukuoka Prison.

●死刑執行始末書【整理番号31】

(矯正保護局(C. & R.) くらた としお により
1950年9月14日にP. B.に送達)

福岡刑務所
1950年8月22日

宛先： 法務府矯正保護局長　古橋浦四郎様
差出人： 福岡刑務所長　あらまき　せいしゅう
件名： 死刑判決執行に関する報告

氏名： ○○○　○○○。
年齢： 47歳。
本籍地： ○○県○○市○○町○○番地。
現住所： ○○県○○郡○○村大字○○××番地。
職業： 無職。
罪名： 殺人及び窃盗。
判決日及び裁判所：
　　第1審： 1949年5月14日　岡山地方裁判所。
　　確定： 1949年5月21日　(上訴権放棄)
前科：
　　窃盗及び横領のため1921年8月3日台北裁判所により懲役8月。
　　横領のため1921年10月18日台北裁判所により懲役4月。
　　横領、窃盗、恐喝未遂のため1924年1月8日明石区裁判所により懲役1年6月。
　　窃盗のため1926年10月11日大阪地方裁判所により懲役4年。
　　詐欺のため1929年11月12日福山区裁判所により懲役6月。
　　詐欺のため1931年9月12日岡山区裁判所により懲役1年。
　　詐欺及び恐喝のため193?年5月19日神戸区裁判所により懲役2年。
　　業務上横領及び詐欺のため1935年9月17日広島区裁判所により懲役1年6月。
　　不敬罪のため1935年9月25日広島区裁判所により懲役2年6月。
　　兵役法規則違反のため1936年2月24日広島区裁判所により罰金10円。
　　不敬罪及び業務上横領のため1940年11月25日神戸区裁判所により懲役2年。
　　横領のため1946年5月10日岡山区裁判所により懲役2年6月。
執行日： 1950年8月17日午前10時26分～午前10時38分。
執行立会者：
　　福岡地方検察庁検察官　○○○　○○○。
　　福岡地方検察庁事務官　○○○　○○○。
遺体の取扱： 存命中の被執行者の要望により、被執行者の遺体は○○大学に送られた。
存命中の通信： なし。
特記事項： 同人は、自らの過去の犯罪を深く悔い、この世を静かに去った。

福岡刑務所長
あらまき　せいしゅう

(Delivered to P. B. on September 14, 1950
by Toshio Kurata, C. & R. Bureau.)

Fukuoka Prison
August 22, 1950

To: Urashiro Furuhashi, Director of C. & R. Bureau, A. G. O.

From: Seishu Aramaki, Warden of Fukuoka Prison.

Subject: Report on Execution.

Name: ███████ ███████

Age: 47.

Home Domicile: No. ███, ███████-cho, ██████ City, ████ Prefecture.

Address: No. ███, Oaza ██████, ██████-mura, ██████-gun, ██████ Prefecture.

Occupation: None.

Crimes: Homicide and Theft.

Date of Sentenced and Court:

　　1st Instance: On May 14, 1949 at Okayama District Court.

　　Finally decided: On May 21, 1949 (Waivered Right of Appeal)

Previous Convicts:
　　August 2, 1921, Taihoku District Court, Theft & Appropriation, 8 months at P. S.
　　October 18, 1921, 　　"　　, Appropriation, 4 months at P. S.
　　January 8, 1924, Akashi Summary Court, Appropriation, Theft & Attempt to Blackmail, 1 year & 6 months at P. S.
　　October 11, 1926, Osaka District Court, Theft, 4 years at P. S.
　　November 12, 1929, Fukuyama Summary Court, Fraud, 6 months at P. S.
　　September 12, 1931, Okayama Summary Court, " , 1 year at P. S.
　　May 19, 19██, Kobe Summary Court, Fraud & Blackmail, 2 years at P. S.
　　September 17, 1935, Hiroshima Summary Court, Appropriation on Business & Fraud, 1 year & 6 months.
　　September ██, 19██,　　"　　, Lese-majesty, 2 years & 6 months.
　　February 14, 1938, Hiroshima Summary Court, Violation of Regulation for Military Service Law. Minor fine 10 yen. (Enforcement of)
　　November 25, 1940, Kobe Summary Court, Lese-majesty & Appropriation on Business, 2years P. S.
　　May 10, 1946, Okayama Summary Court, Appropriation, 2 years & 6 months at P. S.

Date of Execution: On August 17, 1950, from 10.26 a. m. to 10.38 a. m.

Witness of Execution:
　　██████ ██████, Public Procurator of Fukuoka District Procurator Office.
　　██████ ██████, Secretary of 　　"　　.

Treatment of Corpse: By the request of the executed while in life, the corpse of the executed was sent to the Medical College of ██████ University.

Communication while in life: None.

Remarks: "He left this world calmly, deeply regretting his past crimes."

　　　　　　　　　　　　　　　　　　　　　　Seishu Aramaki,
　　　　　　　　　　　　　　　　　　　　　　Warden of Fukuoka Prison/

●死刑執行始末書【整理番号32】

宮城刑務所
1950年8月30日（矯正保護局（C. & R.）くらた　としお により
1950年9月6日にP. B.に送達）

宛先：　法務府矯正保護局長　古橋浦四郎様
差出人：　宮城刑務所長　おぎゅう　はるお
件名：　死刑判決執行に関する報告

氏名：　○○○　○○○。
年齢：　25歳。
本籍地：北海道○○市○丁目○○町番地不明。
現住所：　住所不定。
職業：　無職。
罪名：　強盗殺人及び死体遺棄。
判決日及び裁判所：
　　第1審：　1948年6月17　横浜地方裁判所。
　　第2審：　1949年3月2日　東京高等裁判所。
　　確定：　1949年4月13日、上告取下げ。
前科：　なし。
執行日：　1950年8月18日午前10時09分～午前10時21分41秒〔「41秒」の部分について削除か下線か不明──筆者注〕。
執行立会者：
　　仙台地方検察庁検察官　○○○　○○○。
　　仙台地方検察庁事務官　○○○　○○○。
遺体の取扱：　存命中の被執行者の要望により、被執行者の遺体は○○大学に送られた。
存命中の通信：　同人から同人の父である○○○宛てに2通の手紙が送られたのみであった。
特記事項：　存命中、自らの過去の重大な悪行を深く悔い、自らの重罪の被害者に対して悔恨を表す言葉も見当たらず、死刑判決は当然の報いであると述べていた。

宮城刑務所長
おぎゅう　はるお

Miyagi Prison
August 30, 1950 (Delivered to P. B. on Sep. 6, 1950
by Toshio Kurata, C.& R. Bureau.)

To: Urashiro Furuhashi, Director of C. & R. Bureau, A. G. O.
From: Harue Ogyu, Warden of Miyagi Prison.
Subject: Report on Execution.

Name: ███████.
Age: 25.
Home Domicile: No. unknown, █-machi █-chome, ██████ City, Hokkaido.
Address: No fixed abode.
Occupation: None.
Crime: Robbery and Homicide, and Desertion of dead body.
Date of Sentenced and Court:
    1st Instance: On June 17, 1948 at Yokohama District Court.
    2nd Instance: On March 2, 1949 at Tokyo Higher Court.
    Finally decided: On April 13, 1949, Appeal Jokoku withdrawn.
Previous Convict: None.
Date of Execution: On August 18, 1950 from 10:09 a. m. to 10:21.41 second a. m.
Witness of Execution:
    ██████ ██████, Public Procurator of Sendai District Procurator Office.
    ██████ ██████, Secretary of Sendai District Procurator Office.
Treatment of Corpse: By the request of the executed while in life, the corpse of the executed was sent to the Medical College of ██████ University.
Communication while in life: There were only 2 letters addressed to his father, ██████ ██████ from him.
Remarks: While in life, he said that he knew no words to express his repentance for the victim of his past great crime and the death sentence was a matter of course, deeply regretting his past great bad conduct.

                                                    Harue Ogyu,
                                                  Warden of Miyagi Prison.

●死刑執行始末書【整理番号33】

(矯正保護局（C. & R.）くらた　としお により
1950年10月11日にP. B.に送達)

宮城刑務所
1950年9月15日

宛先：　法務府矯正保護局長　古橋浦四郎様
差出人：　宮城刑務所長　おぎゅう　はるお
件名：　死刑判決執行に関する報告

氏名：　○○○　○○○。
年齢：　36？歳。
本籍地：○○県○○郡○○町大字○○××番地。
現住所：　同上。
職業：　青果商。
罪名：　強盗殺人及び死体遺棄。
判決日及び裁判所：
　　第1審：　1948年2月4日　新潟地方裁判所新発田支部。
　　第2審：　1948年7月17日　東京高等裁判所。
　　第3審：　1949年7月23日　最高裁判所　（上告棄却。）。
前科：　なし。
執行日：　1950年9月13日午前10時06分～午前10時17分。
執行立会者：
　　仙台地方検察庁検察官　○○○　○○○。
　　仙台地方検察庁事務官　○○○　○○○。
遺体の取扱：
　　存命中の被執行者の要望により、被執行者の遺体は解剖実習のために○○大学に送られた。
存命中の通信：
　　存命中、同人の母と5回、同人の姉（？）と2回、同人の別の姉（？）と2回の面会があり、同人の母に10通、同人の姉に55通、同人の別の姉に9通の手紙を送り、同人の母から1通、同人の姉から36通、同人の別の姉から3通の手紙を受け取った。
特記事項：　自らの過去の重罪を深く悔い、死刑判決が自らの犯した犯罪に対する当然の報いであると述べていた。

宮城刑務所長
おぎゅう　はるお

(Delivered to P. B. on October 11, 1950
by Yoshio Murata, C. & R. Bureau.)

Miyagi Prison
September 15, 1950

To: Urushiro Furuhashi, Director of C. & R. Bureau, Attorney-General's Office.
From: Haruo Ogyu, Warden of Miyagi Prison.
Subject: Report on Execution.

Name: ███████ ███████.
Age: 36.
Home Domicile: No. ██, ████████, ████-cho, ██████-gun, ██████ Prefecture.
Address: Ditto.
Occupation: Fruit-seller.
Crime: Robbery & Homicide, and Dead body desertion.
Date of Sentenced and Court:
    1st Instance: February 4, 1948 at Shibata Branch of Niigata District Court.
    2nd Instance: June 17, 1948 at Tokyo Higher Court.
    3rd Instance: July 23, 1949 at Supreme Court (Jokoku Appeal rejected.).

Previous Convicts: None.
Date of Execution: On September 12, 1950 from 10.06 a. m. to 10.17 a. m.
Witness of Execution:
    ███████ ███████, Public Procurator of Sendai District Procurator Office.
    ███████ ███████, Secretary of Sendai District Procurator Office.

Treatment of Corpse:
    By the request of the executed while in life, the corpse of the executed was sent to the Medical College of ██████ University for the purpose of operation.

Communication while in life:
    While in life, there were five times with his mother, two times with his sister and two times also with his sister in reception, and he sent letters addressed to his mother in ten times, fifty five letters to his sister and nine letters also to his sister, and received one letter from his mother, thirty six letters from his sister and three letters from the other sister.

Remarks: Deeply regretting his past great crime, he had said that the death sentence had been a matter of course for his committed crime.

Haruo Ogyu,
Warden of Miyagi Prison.

●死刑執行始末書【整理番号34】

(矯正保護局（C. & R.）くらた としお により
1950年11月7日にP. B.に送達)

福岡刑務所
1950年10月13日

宛先： 法務府矯正保護局長　古橋浦四郎様
差出人： 福岡刑務所長　あらまき　せいしゅう
件名： 死刑判決執行に関する報告

氏名： ○○○　○○○。
年齢： 29歳。
本籍地： ○○市○○区○丁目○○××番地。
現住所： ○○県○○市○○町○○××番地。
職業： 無職。
罪名： 強盗殺人。
判決日及び裁判所：
　　第1審： 1948年5月4日　岡山地方裁判所。
　　第2審： 1948年7月31日　広島高等裁判所。
　　第3審： 1949年2月8日　最高裁判所（上告棄却。）
前科： なし。但し、1948年2月10日共犯者である○○○　○○○他1名とともに恐喝未遂を実行した。
執行日： 1950年10月10日午前10時18分～午前10時30分。
執行立会者：
　　福岡地方検察庁検察官　○○○　○○○。
　　福岡地方検察庁事務官　○○○　○○○。
遺体の取扱：
　　存命中の被執行者の要望により、被執行者の遺体は○○大学に送られた。
存命中の通信： なし。
特記事項：
　　執行に際して、自らの過去の犯罪を深く悔い、死刑判決執行の覚悟ができていた。同人は、同人の遺体を解剖実習のために医科大学に送り、遺品は○○市○○町○丁目在住の○○○　○○○方の同人の妻である○○子に送るよう述べた遺言においてその意思を遺した。

福岡刑務所長
あらまき　せいしゅう

(Delivered to P. B. on November 7, 1950
by Toshio Kurata, C. & R. Bureau.)

Fukuoka Prison
October 13, 1950

To: Urashiro Furuhashi, Director of C. & R. Bureau, Attorney-General's Office.
From: Seishu Aramaki, Warden of Fukuoka Prison.
Subject: Report on Execution.

Name: ▓▓▓▓▓▓▓▓▓

Age: 29.

Home Domicile: No. ▓, ▓▓▓-dori ▓-chome, ▓▓▓▓▓▓-ku, ▓▓▓▓ City.

Address: No. ▓▓, ▓▓▓▓, ▓▓-cho, ▓▓▓▓▓ City, ▓▓▓▓▓ Prefecture.

Occupation: None.

Crime: Robbery & Homicide.

Date of Sentenced and Court:

 1st Instance: On May 4, 1948 at Okayama District Court.

 2nd Instance: On July 31, 1948 at Hiroshima Higher Court.

 3rd Instance: On February 8, 1949 at Supreme Court (Jokoku Appeal rejected.)

Previous Convict: None. However, on February 10, 1948 attempted to commit the blackmail together with his compliances, ▓▓▓▓▓▓ ▓▓▓▓▓▓ and other one.

Date of Execution: On October 10, 1950 from 10.18 a. m. to 10.30 a. m.

Witness of Execution:

 ▓▓▓▓ ▓▓▓▓▓, Public Procurator of Fukuoka District Procurator Office.

 ▓▓▓▓▓ ▓▓▓▓▓▓, Secretary of Fukuoka District Procurator Office.

Treatment of Corpse:

 By the request of the executed while in life, the corpse of the executed was sent to the Medical College of ▓▓▓▓▓ University.

Communication while in life: None.

Remarks:

 When executed, he was ready for execution of death sentence, deeply regretting his past crime. He left the will in his testament, saying that the corpse of him should be sent to the Medical College of the University for the purpose of operation and the remains should be sent to his wife, ▓▓▓▓▓, c/o ▓▓▓▓▓ ▓▓▓▓, ▓-chome, ▓▓▓▓▓-cho, ▓▓▓▓▓▓ City.

Seishu Aramaki,
Warden of Fukuoka Prison.

●死刑執行始末書【整理番号35】

　　　　　名古屋刑務所
　　　　　1951年1月20日（矯正保護局（C. & R.）くらた　としお により
　　　　　　　　　　　　　　　　1951年2月28日にP. B.に送達）

宛先：　法務府矯正保護局長　古橋浦四郎様
差出人：　宮城刑務所長　しまだ　こうじ
件名：　死刑判決執行に関する報告

氏名：　○○○こと○○○　○○○。
年齢：　36歳。
本籍地：　大韓民国○○道○○郡○○面○○同○○番地。
現住所：　○○県○○郡○○町○○××番地。
職業：　無職。
罪名：　住居侵入、強盗殺人及び窃盗。
判決日及び裁判所：
　　第1審：　1949年7月11日　名古屋地方裁判所。
　　第2審：　1949年10月29日　名古屋高等裁判所。
　　第3審：　1950年6月30日　最高裁判所。（上告棄却。）
前科：　窃盗のため1947年8月1日懲役1年。
　　　　1949年1月、窃盗の公訴事実で起訴され、保釈中に本件住居侵入及び強盗殺人を実行。
執行日：　1951年1月16日午前10時45分～午前11時06分。
執行立会者：
　　名古屋高等検察庁検察官　○○○　○○○。
　　名古屋高等検察庁事務官　○○○　○○○。
遺体の取扱：　存命中の被執行者の要望により、監獄法74条（ママ）に従って、被執行者の遺体は火葬のため当所の火葬場に送られ、遺品は、○○県○○郡○○町○○在住の同人の元妻である○○○　○○○○に送られた。
存命中の通信：　同人の妻○○○　○○○○と面会及び通信があった。
特記事項：　同人は執行されるに際して、遺品を元妻に送ることを求め、同人が賭博行為の結果として重罪を犯したことから、自らの子全員が賭博犯罪に決して手を染めないよう述べて遺言とした。同人はこの世を去るに当たって、自らの過去の重罪が死刑にふさわしいことを自覚し、自らの過去の重罪を深く悔いていた。

　　　　　　　　　　　　　　　　　　名古屋刑務所長
　　　　　　　　　　　　　　　　　　しまだ　こうじ

Nagoya Prison
January 20, 1951   (Delivered to P. B. on Feb. 28, '51
                       by Toshio Kurata, C.&R. Bureau.)

To: Urashiro Furuhashi, Bureau Director of C. & R. Bureau, Attorney-General's Office.
From: Koji Shimada, Warden of Nagoya Prison.
Subject: Report on Death Sentence Execution.

Name: ███, alias ███.
Age: 36.
Home Domicile: No. ██, ████-do, ███-men, ███-gun, ████-do, Korea.
Present Address: No. █, ███████████████-cho, ████-gun, ███-ken.
Occupation: None.
Offenses: Trespass on a dwelling, robbery and murder, and theft.
Date of Sentenced and Court:
 1st Instance: July 11, 1949 at Nagoya District Court.
 2nd Instance: October 29, 1949 at Nagoya Higher Court.
 3rd Instance: June 30, 1950 at Supreme Court. (Jokoku Appeal rejected.)
Previous Convicts: Sentenced to one year's penal servitude for theft on August 1, 1947.
 In January 1949, was indicted on a charge of theft, and, while out on bail, committed the trespass on a dwelling and robbery and murder in the present case.
Date of Execution: January 16, 1951 from 10.45 a.m. to 11.06 a.m.
Witness of Execution:
 ██████ █████, Public Procurator of Nagoya Higher Procurator Office.
 ██████ █████, Secretary of Nagoya Higher Procurator Office.
Treatment of the Corpse: By the request of the executed while in life, the corpse of the executed was sent to the prison crematory in order to cremate, and the remains were sent to ████ ██████, his wife who lived in ███████-████████, ██████-Cho, Chita-gun, ████-ken, in accordance with the provision of Article 74 of Prison Law.
Communication while in life: There were receptions and communications with his wife, ███ ███████.
Remarks: When he was executed, he left his last words behind him, saying that his corpse remains would be sent to his wife and all his child should not commit gambling offense at all as he committed such a great offenses as the result of gambling conducts. He left this world, being conscious of deserved death sentence for him and deeply regretting his past great offenses.

               Koji Shimada,
               Warden of Nagoya Prison.

●死刑執行始末書【整理番号36】

　　　　　　宮城刑務所
　　　　　　1951年1月26日（矯正保護局（C. & R.）くらた　としお により
　　　　　　　　　　　　　　　　　　　　　1951年2月28日にP. B.に送達）

宛先：　　法務府矯正保護局長　古橋浦四郎様
差出人：　宮城刑務所長　おぎゅう　はるお
件名：　　死刑判決執行に関する報告

氏名：　　○○○　○○○。
年齢：　　63歳。
本籍地：東京都○○区○○××町○○番地。
現住所：　○○市○○××番地○○方。
職業：　　闇市のブローカー。
罪名：　　強盗殺人及び死体遺棄。
判決日及び裁判所：
　　第1審：　1947年12月15日　横浜地方裁判所横須賀支部。
　　第2審：　1949年10月1日　東京高等裁判所。
　　第3審：　1950年5月30日　最高裁判所。（上告棄却。）
前科：　　なし。
執行日：　1951年1月23日午前09時44分～午前09時55分。
執行立会者：
　　仙台地方検察庁検察官　○○○　○○○。
　　仙台地方検察庁事務官　○○○　○○○。
遺体の取扱：　存命中の被執行者の要望により、被執行者の遺体は解剖実習のために○○大学に送られた。
存命中の通信：　同人と同人の家族及び親族との間に多くの面会及び通信があった。
特記事項：　執行に際して、自らの過去の重罪が死刑にふさわしいことを自覚し、高齢にもかかわらず執行されてしまうことが残念だと述べた。

　　　　　　　　　　　　　　　　　　　　　　　　　　宮城刑務所長
　　　　　　　　　　　　　　　　　　　　　　　　　おぎゅう　はるお

Miyagi Prison
January 26, 1951 (Delivered to P. B. on Feb.28, '51
By Toshio Murata, C. & R. Bureau.)

To: Urashiro Furuhashi, Bureau Director of C. & R. Bureau, Attorney-General's Office.
From: Haruo Ogyu, Warden of Miyagi Prison.
Subject: Report on Death Sentence Execution.

Name: ███████ ████.
Age: 63 .
Home Domicile: No. ██, ████████-cho, ████, ████-ku, Tokyo-to.
Present Address: c/o █████████, No. ████, ███████ City.
Occupation: Black market broker.
Offenses: Robbery and murder and desertion of a corpse.
Date of Sentenced and Court:
  1st Instance: December 15, 1947 at Yokosuka Branch of Yokohama District Court.
  2nd Instance: October 1, 1949 at Tokyo Higher Court.
  3rd Instance: May 30, 1950 at Supreme Court. (Jokoku Appeal was dismissed.)
Previous offenses: None.
Date of Execution: January 23, 1951 from 0944 a.m. to 09.55 a. m.
Witness of Execution:
  ███ ███████, Public Procurator, of Sendai District Procurater Office.
  ██████ ██████, Secretary of Sendai District Procurater Office.
Treatment of Corpse: By the request of the executed while in life, the corpse of the executed was sent to █████ Medical College for the purpose of operation.
Communication while in life: There were many receptions and communications between him and his family & relations.
Remarks: When executed, he said that he was conscious of deserved death sentence for his past great offenses, and he was pitiful for himself about such an execution in so old age.

Haruo Ogyu,
Warden of Miyagi Prison.

●死刑執行始末書【整理番号37】

宮城刑務所
1951年1月26日（矯正保護局（C. & R.）くらた　としお により
1951年2月28日にP. B.に送達）

宛先：　法務府矯正保護局長　古橋浦四郎様
差出人：　宮城刑務所長　おぎゅう　はるお
件名：　死刑判決執行に関する報告

氏名：　○○○　○○○。
年齢：　43歳。
本籍地：○○市○○町○○番地。
現住所：　○○市○○町○丁目○○番地○○方。
職業：　闇市のブローカー。
罪名：　強盗殺人、死体遺棄及び詐欺。
判決日及び裁判所：
　　第1審：　1947年12月15日　横浜地方裁判所横須賀支部。
　　第2審：　1949年10月1日　東京高等裁判所。
　　第3審：　1950年5月30日　最高裁判所。（上告棄却。）
前科：
　　窃盗のため1922年6月24日徳山区裁判所により懲役1年。
　　窃盗のため1938年2月2日神戸区裁判所により懲役8月。
　　窃盗のため1941年10月4日大阪区裁判所により懲役1年。
　　窃盗のため1944年8月19日前橋区裁判所により懲役4年。
執行日：　1951年1月23日午前10時41分〜午前10時53分。
執行立会者：
　　仙台地方検察庁検察官　○○○　○○○。
　　仙台地方検察庁事務官　○○○　○○○。
　　仙台地方検察庁事務官　○○○　○○○。
遺体の取扱：　存命中の被執行者の要望により、被執行者の遺体は解剖実習のために○○大学に送られた。遺品は、○○市○○××番地在住の同人の姉である○○○　○○○に送られた。
存命中の通信：　同人の元妻である○○○　○○○の面会が1回あり、同女との間に多くの通信があった。
特記事項：　執行に際して、自らが死刑にふさわしいことを自覚し、自らの過去の重罪を深く悔いていたため、この世を静かに去ることができると述べた。

宮城刑務所長
おぎゅう　はるお

Miyagi Prison
January 26, 1951   (Delivered to P. B. on Feb. 28, '51
by Toshio Kurata, C. & R. Bureau)

To: Urashiro Furuhashi, Bureau Director of C. & R. Bureau, Attorney-General's Office.
From: Haruo Ogyu, Warden of Miyagi Prison.
Subject: Report on Death Sentence Execution.

Name: ███████ ███████.
Age: 43.
Home Domicile: No. ████, ███████-machi, ███████ City.
Present Address: c/o ███████, No ██, ███████-cho █-chome, ███████ City.
Occupation: Black market broker.
Offenses: Robbery and murder; desertion of a corpse; and fraud.
Date of Sentenced and Court:
   1st Instance: December 15, 1947 at Yokosuka Branch of Yokohama District Court.
   2nd Instance: October 1, 1949 at Tokyo Higher Court.
   3rd Instance: May 30, 1950 at Supreme Court. (Jokoku Appeal was dismissed.)
Previous Offenses:
   Theft, one year penal servitude, Tokuyama Local Court, June 24, 1922.
   Theft, 8 months penal servitude, Kobe Local Court, February 2, 1938.
   Theft, one year penal servitude, Osaka Local Court, October 4, 1941.
   Theft, 4 years penal servitude, Maebashi Local Court, August 19, 1944.
Date of Execution: January 23, 1951 from 10.41 a. m. to 10.53 a. m.
Witness of Execution:
   ███████ ███████, Public Procurator of Sendai District Procurator Office.
   ███████ ███████, Secretary of Sendai District Procurator Office.
   ███████ ███████, Secretary of Sendai District Procurator Office.
Treatment of the corpse: By the request of the executed while in life, the corpse was sent concerning to ███████ Medical College for operation, and the remains the notice was sent to his elder sister, ███████ ██ who lived in No. ███, ███████████, ███████ City.
Communication while in life: There were one time reception between him and his wife ███████ ███████, and many times communications between him and his wife abovewritten.
Remarks: When executed, he said that he could leave this world calmly, because he was conscious of deserved death sentence for him, deeply regretting his past great offenses.

                        Haruo Ogyu,
                        Warden of Miyagi Prison.

●死刑執行始末書【整理番号38】

　　　　　　　宮城刑務所
　　　　　　　1951年1月27日（矯正保護局（C. & R.）くらた　としお により
　　　　　　　　　　　　　　　　　　1951年2月28日にP. B.に送達）

宛先：　法務府矯正保護局長　古橋浦四郎様
差出人：　宮城刑務所長　おぎゅう　はるお
件名：　死刑判決執行に関する報告

氏名：　○○○　○○○。
年齢：　26歳。
本籍地：　○○県○○郡○○村○○××番地。
現住所：　○○県○○郡○○町○○××番地。
職業：　炭鉱夫。
罪名：　強盗殺人、強盗、傷害。
判決日及び裁判所：
　　第1審：　1948年4月14日　千葉地方裁判所。
　　第2審：　1949年2月5日　東京高等裁判所。
　　第3審：　1949年5月21日　最高裁判所。（上告棄却。）
前科：　なし。
執行日：　1951年1月25日午前09時48分〜午前10時00分。
執行立会者：
　　仙台地方検察庁検察官　○○○　○○○。
　　仙台地方検察庁事務官　○○○　○○○。
遺体の取扱：　存命中の被執行者の要望により、遺品は当所に遺骨を受け取りにやってきた弟の○○○　○○○に送られた。
存命中の通信：　同人と同人の親族との間に大変多くの面会及び通信があった。
特記事項：　同人は、自らに死刑判決がふさわしいことを自覚しており、過去の重罪を深く悔い、自らの家族に弁解の余地がないと述べていた。
　　　同人は、恩赦の申立を行っており、1950年12月26日に中央更生保護審査会事務局長から恩赦が容認されなかったとの通知を受けていた。
　　　共犯者に関して、○○○　○○○は、無期懲役に処され、△△△　△△△は、懲役15年に処された。

　　　　　　　　　　　　　　　　　　　　宮城刑務所長
　　　　　　　　　　　　　　　　　　　　おぎゅう　はるお

Miyagi Prison
January 27, 1951   (Delivered to P. B. on Feb.28,'51
                     by Toshio Kurata, C. & R. Bureau

To: Urashiro Furuhashi, Bureau Director of C. & R. Bureau, Attorney-General's Office.
From: Haruo Ogyu, Warden of Miyagi Prison.
Subject: Report on Death Sentence Execution.

Name: ▓▓▓▓▓ ▓▓▓.
Age: 26.
Home Domicile: No. ▓▓▓ ▓▓▓▓▓▓, ▓▓▓▓▓▓-mura, ▓▓▓-gun, ▓▓▓-ken.
Present Address: No. ▓▓▓-cho, ▓▓▓-machi, ▓▓▓-gun, ▓▓▓-ken.
Occupation: Well-digging.
Offense: Robbery and murder, robbery and personal injury.
Date of Sentenced and Court:
    1st Instance: April 14, 1948 at Chiba District Court.
    2nd Instance: February 5, 1949 at Tokyo Higher Court.
    3rd Instance: May 21, 1949 at Supreme Court. (Jokoku Appeal rejected.)
Previous Convict: None.
Date of Execution: January 25, 1951 from 09.48 a. m. to 10.00 a. m.
Witness of Execution:
    ▓▓▓▓▓ ▓▓▓▓▓▓, Public Procurator of Sendai District Procurator Office.
    ▓▓▓▓▓ ▓▓▓▓▓, Secretary of Sendai District Procurator Office.
Treatment of the Corpse: By the request of the executed while in life, the remains were sent to his younger brother, ▓▓▓▓ ▓▓▓ who came to prison to receive the remains of the corpse.
Communication while in life: There were great many receptions and communications between him and his relations with close relationships.
Remarks: He had said that he had been conscious of deserved death sentence for him, deeply regretting his past great offenses, and had been inexcusable for his family.
        He had petitioned for amnesty, and he had been noticed that he should not be favor-
        ed with amnesty, Bureau Director of Business Bureau of National Offenders Prevention and Rehabilitation Commission on the date of December 26, 1950.
        Of the accomplices, ▓▓▓▓ ▓▓▓▓▓▓ has been sentenced to a penal servitude for life and ▓▓▓▓ ▓▓▓▓▓▓ to that for 15 years.

                                            Haruo Ogyu,
                                            Warden of Miyagi Prison.

●死刑執行始末書【整理番号39】

宮城刑務所
1951年1月29日（矯正保護局（C. & R.）くらた　としお により
1951年2月28日にP. B.に送達）

宛先：　法務府矯正保護局長　古橋浦四郎様
差出人：　宮城刑務所長　おぎゅう　はるお
件名：　死刑判決執行に関する報告

氏名：　○○○　○○○。
年齢：　28歳。
本籍地：　東京都○○区○○町○○番地。
現住所：　東京都○○区○丁目○○町○○番地。
職業：　無職。
罪名：　強盗殺人、窃盗、加重逃走。
判決日及び裁判所：
　　第1審：　1948年12月22日　長野地方裁判所。
　　第2審：　1949年1月28日　（控訴取下げ。）
前科：　公訴事実窃盗のため1946年3月16日東京区裁判所により判決懲役10月。
　　　公訴事実窃盗のため1946年10月21日東京区裁判所により判決懲役1年
　　　6月。公訴事実強盗のため1948年4月30日東京地方裁判所により判決
　　　懲役7年。
執行日：　1951年1月25日午前11時01分～午前11時15分。
執行立会者：
　　仙台地方検察庁検察官　○○○　○○○。
　　仙台地方検察庁事務官　○○○　○○○。
遺体の取扱：　存命中の被執行者の要望により、被執行者の遺体は解剖実習の
　　ために○○大学に送られた。
存命中の通信：　同人には面会及び通信はなかった。
特記事項：　同人は、自らの過去の重罪が死刑にふさわしいことを自覚してい
　　た。執行に際して、短歌に自らの遺言を書き残した。
　　同人の共犯者である○○○　○○○は、無期懲役に処された。

宮城刑務所長
おぎゅう　はるお

Miyagi Prison
January 29, 1951   (Delivered to P. B. on Feb.28, '51
                     by Toshio Kurata, C. & R. Bureau.)

To: Urashiro Furuhashi, Bureau Director of C. & R. Bureau, Attorney-General's Office.
From: Haruo Ogyu, Warden of Miyagi Prison.
Subject: Report on Death Sentence Execution.

Name: ███ ███.
Age: 28.
Home Domicile: No. █, ████-machi, ████-ku, Tokyo-to.
Present Address: No. █, ████-cho █-chome, ████-ku, Tokyo-to.
Occupation: None.
Offenses: Robbery and Murder, theft, aggravated escape.
Date of Sentenced and Court:
    1st Instance: December 22, 1948 at Nagano District Court.
    2nd Instance: June 26, 1949 (Kozo Appeal was withdrawn.)
Previous Offenses: March 16, 1946 at the Tokyo Local Court; charge, theft; sentence, ten months' penal servitude. October 21, 1946 at the Tokyo Local Court; charge, theft; sentence, a penal servitude for one year and six months. April 30, 1948 at the Tokyo District Court; charge, robbery; sentence, a penal servitude for seven years.
Date of Executed: January 26, 1951 from 11.01 a. m. to 11.15 a. m.
Witness of Execution:
    ████ ████, Public Procurator of Sendai District Procurator Office.
    ████ ████, Secretary of Sendai District Procurator Office.
Treatment of the Corpse: By the request of the executed while in life, the corpse of the executed was sent to the Medical College named ████.
Communication while in life: There was no reception and communication.
Remarks: He was conscious of deserved death sentence for him, deeply regretting his past great offenses. When executed, he wrote and left his will in a 31 syllable japanese poem.
    His accomplice, ████ ████, has been sentenced to a penal servitude for life.

                                            Haruo Ogyu,
                                            Warden of Miyagi Prison.

●死刑執行始末書【整理番号40】

宮城刑務所
1951年2月1日（矯正保護局（C. & R.）くらた　としお により
1951年2月28日にP. B.に送達）

宛先：　法務府矯正保護局長　古橋浦四郎様
差出人：　宮城刑務所長　おぎゅう　はるお
件名：　死刑判決執行に関する報告

氏名：　○○○　○○○。
　　　　（○○○）
年齢：　23歳。
本籍地：　○○市○○町○○番地。
現住所：　住所不定。
職業：　無職。
罪名：　強盗殺人、窃盗。
判決日及び裁判所：
　　第1審：　1949年9月26日　横浜地方裁判所。
　　第2審：　1950年7月25日　判決確定（控訴取下げ）。
前科：　なし。
執行日：　1951年1月29日午前09時44分～午前09時55分。
執行立会者：
　　仙台地方検察庁検察官　○○○　○○○。
　　仙台地方検察庁事務官　○○○　○○○。
遺体の取扱：　存命中の被執行者の要望により、被執行者の遺体は解剖実習のために○○大学に送られた。
存命中の通信：
　　同人には面会がなかったが、同人と同人の母及び養母との間に何回かの通信があった。
特記事項：　同人は、同人の生来性の因子のために実行してしまった殺人のような自らの過去の重罪が死刑にふさわしいことを自覚していると述べていた。
　　同人は、恩赦の申立を行っており、1951年1月6日に中央更生保護審査会事務局長から恩赦が認容されなかったとの通知を受けていた。

宮城刑務所長
おぎゅう　はるお

Miyagi Prison
February 1, 1951. (Delivered to P. B. on Feb. 28,
by Toshio Kurata, C&R Bureau.)

To: Urushiro Furuhashi, Bureau Director of C. & R. Bureau, Attorney-General's Office.
From: Haruo Ogyu, Warden of Miyagi Prison.
Subject: Report on Death Sentence Execution.

Name: ███████.
(███)
Age: 23.
Home Domicile: No. ██, ██████-cho, ███████ City.
Present Address: No fixed abode.
Occupation: None.
Offenses: Robbery and murder, theft.
Date of Sentenced and Court:
    1st Instance: September 26, 1949 at Yokohama District Court.
    2nd Instance: July 25, 1950 the sentence was irrevocably settled (Koso Appeal withdrawn.)
Previous Offenses: None.
Date of Execution: January 29, 1951 from 09.44 a. m. to 09.55 a..m.
Witness of Execution:
    ██████ ██████, Public Procurator of Sendai District Procurator Office.
    ██████ ██████, Secretary of Sendai District Procurator Office.
Treatment of the corpse: By the request of the executed while in life, the corpse of the
    executed was sent to the Medical College of ██████ University for the purpose of operation.
Communication while in life:
    There was no reception, but there were several times communications between him and his
    father & stepmother.
Remarks: He had said that he had been conscious of deserved death sentence for his past great
    offence such a murder that he had committed for his benefactor.
        He had petititioned for amnesty, and he had been noticed that he should not be favor-
    ed with amnesty from Bureau Director of Business Bureau of National Offenders Prevention
    and Rehabilitation Commission on the date of January 6, 1951.

Haruo Ogyu,
Warden of Miyagi Prison.

●死刑執行始末書【整理番号41】

宮城刑務所
1951年2月3日（矯正保護局（C. & R.）くらた　としお により
1951年3月3日にP. B.に送達）

宛先：　法務府矯正保護局長　古橋浦四郎様
差出人：　宮城刑務所長　おぎゅう　はるお
件名：　死刑判決執行に関する報告

氏名：　○○○　○○○。
年齢：　25歳。
本籍地：　○○県○○郡○○町大字○○××番地。
現住所：　住所不定。
職業：　土工。
罪名：　住居侵入、強盗殺人。
判決日及び裁判所：
　　第1審：　1950年1月21日　千葉地方裁判所。
　　第2審：　1950年7月14日　東京高等裁判所。
　　判決確定日：　1950年7月29日。（上告期限満了。）
前科：　窃盗のため1947年10月水戸地方裁判所により懲役1年執行猶予3月。
　　　　窃盗のため1948年6月水戸地方裁判所により懲役1年6月。
執行日：　1951年2月2日午前09時54分～午前10時05分。
執行の立会人：
　　仙台地方検察庁検察官　○○○　○○○。
　　仙台地方検察庁事務官　○○○　○○○。
遺体の取扱：　存命中の被執行者の要望により、被執行者の遺体は解剖実習のために○○大学病院に送られ、遺品は通知書に宛先が書かれていた同人の父○○○　○○○に送られた。
存命中の通信：　同人には面会がなく、同人が同人の父○○○　○○○に9通の手紙を書いた。
特記事項：　同人は自らの過去の重罪が死刑にふさわしいことを自覚しており、過去の行為を深く悔いていた。
　　　　　　相被告人の○○○　○○○及び△△△　△△△はそれぞれ無期懲役に処せられた。

宮城刑務所長
おぎゅう　はるお

Miyagi Prison
February 3, 1951. (Delivered to P. B. on Mar. 3, 1951 by Toshio Kurata, C. & R. Bureau.)

To: Urashiro Furuhashi, Bureau Director of Correction & Rehabilitation Bureau, A. G. O.
From: Haruo Ogyu, Warden of Miyagi Prison.
Subject: Report on Death Sentence Execution.

Name: ███████ ███████.
Age: 25.
Home Domicile: No. ██, ███ ████, ███-machi, ███████-gun, █████-ken.
Present Address: No fixed abode.
Occupation: Earth worker.
Offenses: Trespass on a dwelling, robbery and murder.
Date of Sentenced and Court:
    1st Instance: January 21, 1950 at Chiba District Court.
    2nd Instance: July 14, 1950 at Tokyo Higher Court.
    Date of sentence irrevocably settled: July 29, 1950. (Period for jokoku appeal expired.)
Previous Offenses: October 1947 sentenced to a penal servitude for one year for theft at the Mito District Court with the execution of the sentence suspended for 3 months. June 1948, sentenced to a penal servitude of one year and six months for theft at the Mito District Court.
Date of Execution: February 2, 1951 from 0954 a. m. to 10.05 a. m.
Witness of Execution:
    ███████ ███████, Public Procurator of Sendai District Procurator Office.
    ███████ ███████, Secretary of Sendai District Procurator Office.
Treatment of the Corpse: By the request of the executed while in life, the corpse of the executed was sent to the ████ Medical College for the purpose of operation, and the remains should be sent to his father named ███████ ███████ to whom the notice was addressed.
Communication while in life: There was no reception, he wrote the letter addressed to his father named ███████ ███████ nine times.
Remarks: He said that he was conscious of deserved death sentence for his past great offenses, deeply regretting his past conducts.
    Co-accused ███████ ████ and ███████ ███████ have been sentenced to a penal servitude for life respectively.

Haruo Ogyu,
Warden of Miyagi Prison.

●死刑執行始末書【整理番号42】

(法務府矯正保護局（C. & R.）くらた　としお により
1951年4月14日にP. B.に送達)

大阪拘置所
1951年2月19日

宛先：　法務府矯正保護局長　古橋浦四郎様
差出人：　大阪拘置所長　玉井策郎
件名：　死刑判決執行に関する報告

氏名：　　○○○　○○○こと○○○　○○○
年齢：　　39歳。
本籍地：　○○市○○区○○××町○○番地。
現住所：　○○府○○市○○町○○番地。
職業：　　無職。
罪名：　　強盗殺人。
判決日及び裁判所：
　　第1審：　1947年7月22日　大阪地方裁判所。
　　第2審：　1948年3月2日　大阪高等裁判所。
　　第3審：　1948年7月1日　最高裁判所。（上告棄却。）
前科：
　　1. 賭博のため1942年5月27日大阪区裁判所により罰金20円。2. 横領のため1945年9月12日奈良区裁判所により懲役2年。
執行日：　1951年2月16日午前10時37分～午前10時52分。
執行立会者：
　　大阪高等検察庁検察官　○○○　○○○。
　　大阪高等検察庁事務官　○○○　○○○。
遺体の取扱：　存命中の被執行者の要望により、被執行者の遺体は同人の元妻の○○○　○○○に送られた。
存命中の通信：　存命中、同人の家族は、妻及び娘5人からなっていたが、同人が放蕩な行為をする者であったため、同人と同人の妻は5年前に協議離婚した。同人らの関係は概して疎遠であった。
特記事項：　当初、同人は殺人罪を実行したことを否認し、手続上のあらゆる救済手段の申立てを行ったが、後に同人は公衆を驚愕させるに至った自らの過去の重罪を深く悔い、特に被害者に対する罪の意識に苦しみ、クリスチャンの宗教的な誠実さをもって自らの残された人生を過ごそうとし、自らの死刑判決の執行を待つようになった。一方で、同人は平和条約の締結によって恩赦が与えられることをしきりに望んでいた。

大阪拘置所長
玉井策郎

(Delivered to P. B. on April 14, 1951
by Toshio Kurata, C. & R. Bureau, AGO)
Osaka Detention House.
February 19, 1951

To: Urashiro Furuhashi, Bureau Director of C. & R. Bureau, Attorney-General's Office.
From: Sakuro Tamai, Warden of Osaka Detention House.
Subject: Report on Death Sentence Execution.

Name: ▆▆▆▆, alias ▆ ▆▆▆.
Age: 39.
Home Domicile: No. ▆▆, ▆▆▆-cho, ▆▆▆▆▆▆▆▆▆▆▆, ▆▆▆-ku, ▆▆ City.
Present Address: No. ▆▆, ▆▆▆-cho, ▆▆ City, ▆▆-fu.
Occupation: None.
Offences: Robbery and murder.
Date of sentenced and Court:
    1st Instance: July 22, 1947 at Osaka District Court.
    2nd Instance: March 2, 1948 at Osaka Higher Court.
    3rd Instance: July 1, 1948 at Supreme Court. (Jokoku appeal dismissed.)
Previous offences:
    1. May 27, 1942. Osaka Local Court. Gambling. 20 yen of fine. 2. September 12, 1945. Nara Local Court. Appropriation. 2 years of penal servitude.
Date of Execution: February 16, 1951 from 10.37 to 10.52 a. m.
Witness of Execution:
    ▆▆ ▆▆▆▆▆, Public Procurator of Osaka Higher Procurator Office.
    ▆▆ ▆▆▆▆▆, Secretary of Osaka Higher Procurator Office.
Treatment of the corpse: By the request of the executed while in life, the corpse of the executed was sent to his wife ▆▆▆▆ ▆▆▆▆.
Communication while in life: While in life, his family composed of his wife and his five daughters, however, he and his wife divorced together with agreement five years ago, because he had been a man of loose conduct. Their relationship was estranged in general.
Remarks: First time, he denied his committing offence of murder, and petitioned all remedy measures of procedure, however, afterwards he had been waiting the execution of his death sentence, deeply regretting his past great felony that had taken the public by a surprise, especially suffering from guilty conscience for the victims and spending his last life with Christian religious faith. While he had eagerly wished to be given mercy of amnesty by treaty of peace.

Sakuro Tamai,
Warden of Osaka Detention House.

●死刑執行始末書【整理番号43】

（法務府矯正保護局（C. & R.）くらた　としお により
1951年4月14日にP. B.に送達）

大阪拘置所
1951年2月19日

宛先：　法務府矯正保護局長　古橋浦四郎様
差出人：　大阪拘置所長　玉井策郎
件名：　死刑判決執行に関する報告

氏名：　○○○　○○○。
年齢：　46歳。
本籍地：　○○県○○郡○○村○○字○○××番地。
現住所：　○○県○○郡○○村○○××番地。
職業：　無職。
罪名：　強盗殺人。
判決日及び裁判所：
　　第1審：　1947年7月22日　大阪地方裁判所。
　　第2審：　1948年3月2日　大阪高等裁判所。
　　第3審：　1948年7月1日　最高裁判所。（上告棄却。）
前科：　なし。
執行日：　1951年2月16日午後2時08分～午後2時24分。
執行立会者：
　　大阪高等検察庁検察官　○○○　○○○。
　　大阪高等検察庁事務官　○○○　○○○。
遺体の取扱：　存命中の被執行者の要望により、被執行者の遺体は妹の○○○○○○に送られた。
存命中の通信：　同人は、夫として○○○　○○○と婚姻していたものの、本件犯罪を実行した後、離婚した。そのため、同人と元妻及び同人の母との面会及び通信はほとんどなかった。
特記事項：　同人は公衆を驚愕させるに至った自らの過去の重罪を深く悔い、心からの宗教的な誠実さをもって被害者のために祈り、死刑判決の執行を待っていた。執行に際して、同人は全職員に感謝の言葉を述べ、辞世の句として8つの句を残した。

大阪拘置所長
玉井策郎

(Delivered to P. B. on April 14, 1951
by Toshio Kurata, C. & R. Bureau, AGO)

Osaka Detention House.
February 19, 1951.

To: Urashiro Furuhashi, Bureau Director of C. & R. Bureau, Attorney-General's Office.
From: Sakuro Tamai, Warden of Osaka Detention House.
Subject: Report on Death Sentence Execution.

Name: ███████ ███████, alias ██████ ██████.

Age: 46.

Home Domicile: No. ██, Aza ████, █████, ████-mura, ████-gun, ████-ken.

Present Address: No. █, ███████████████, ████-mura, ████-gun, ████-ken.

Occupation: None.

Offences: Robbery and murder.

Date of sentenced and court:

    1st Instance: July 22, 1947 at Osaka District Court.

    2nd Instance: March 2, 1948 at Osaka Higher Court.

    3rd Instance: July 1, 1948 at Supreme Court. (Jokoku appeal dismissed.)

Previous Offences: None.

Date of execution: February 16, 1951 from 2.08 to 2.24 p. m.

Witness of execution.

    ████████ █████, Public Procurator of Osaka Higher Procurator Office.

    ████████ █████, Secretary of Osaka Higher Procurator Office.

Treatment of the corpse: By the request of the executed while in life, the corpse of the executed was sent to his younger sister ██████ ██████.

Communication while in life: He had married with ██████ ██████ as her husband, however, he had been divorced after his committing offence. So, there were few receptions and communications between him and his wife, and his mother.

Remarks: He had been waiting the execution of his death sentence, deeply regretting his past great felony of murder that had taken the public by surprise, praying for the victims with heartily religious faith. When executed, he thanked to all officials and left eight 17 syllable japanese poem as death song.
                    verses

                                        Sakuro Tamai,
                                  Warden of Osaka Detention House.

●死刑執行始末書【整理番号44】

(法務府矯正保護局（C. & R.）くらた　としお により
1951年4月13日にP. B.に送達)

札幌刑務所
1951年3月23日

宛先：　法務府矯正保護局長　古橋浦四郎様
差出人：　札幌刑務所長　はまだ　みのる
件名：　死刑判決執行に関する報告

氏名：　○○○　○○○。
年齢：　26歳。
本籍地：　○○県○○郡○○村○○××番地。
現住所：　北海道○○郡○○村大字○○字○○××。
職業：　苦力。
罪名：　尊属殺、殺人。
判決日及び裁判所：
　　第1審：　1948年7月16日　釧路地方裁判所帯広支部。
　　第2審：　1948年11月22日　札幌高等裁判所。
　　第3審：　1949年6月30日　最高裁判所。　（上告棄却。）
前科：　なし。
執行日：　1951年2月20日午前11時41分～午前11時55分。
執行立会者：
　　札幌大阪高等検察庁検察官　○○○　○○○。
　　札幌高等検察庁事務官　○○○　○○○。
　　札幌高等検察庁事務官　○○○　○○○。
遺体の取扱：　存命中の被執行者の要望により、被執行者の遺体は○○大学医学部に送られた。遺された金銭及び物品は同人の兄○○○　○○○に送られた。
存命中の通信：　同人と長い間親密な関係の下にあった母、兄及び姉との間に多くの面会と通信があった。同人は、被害者である同人の養父、養母及び妻のために祈り、クリスチャンの宗教的誠実さをもって同人の残された人生を送りたいという意思を示す手紙を母に送った。
特記事項：　この世を静かに去るに当たって、自らにとって死刑判決がふさわしいという自覚を持ち、尊属殺及び妻の殺害という自らの過去の重罪を深く悔いていた。

札幌刑務所長
はまだ　みのる

(Delivered to P. B. on April 13, 1951
by Toshio Kurata, C. & R. Bureau, AGO.)

Sapporo Prison
March 23, 1951

To: Urashiro Furuhashi, Bureau Director of C. & R. Bureau, Attorney-General's Office.
From: Minoru Hamada, Warden of Sapporo Prison.
Subject: Report on Death Sentence Execution.

Name: ▓▓▓▓▓ ▓▓▓▓▓▓.
Age: 26.
Home Domicile: ▓▓▓-▓, ▓▓▓▓▓▓, ▓▓▓▓▓-mura, ▓▓▓▓▓-gun, ▓▓▓▓▓-ken.
Present Address: ▓▓▓▓▓▓▓▓▓▓▓, Aza ▓▓▓▓▓▓, Oaza ▓▓▓▓▓▓, ▓▓▓▓▓-mura, ▓▓▓▓▓-gun.
Occupation: Coolie.
Offences: Murder of lineal ascendant, murder.
Date of sentenced and Court:
    1st Instance: July 16, 1948 at Obihiro Branch of Kushiro District Court.
    2nd Instance: November 22, 1948 at Sapporo Higher Court.
    3rd Instance: June 30, 1949 at Supreme Court. (Jokoku appeal dismissed.)
Previous Offences: None.
Date of Execution: February 20, 1951 from 11.41 a. m. to 11.55 a. m.
Witness of Execution:
    ▓▓▓▓▓ ▓▓▓▓▓▓, Public Procurator of Sapporo Higher Procurator Office.
    ▓▓▓▓▓ ▓▓▓▓▓▓, Secretary of Sapporo Higher Procurator Office.
    ▓▓▓▓▓ ▓▓▓▓▓▓, Secretary of Sapporo Higher Procurator Office.
Treatment of the corpse: By the request of the executed while in life, the corpse of the executed was sent to the Medical Department of ▓▓▓▓▓▓ University. Moneys and articles left behind him were sent to his elder brother named ▓▓▓▓▓ ▓▓▓▓▓▓.
Communication while in life: There were many receptions and communications between him and his mother, elder brother & sister who were all in long way with close relationships. He sent letters to them in which he prayed for the victims, his adopted father, mother and his wife and showed his will that he desired to spend his last life with Christian religious faith.
Remarks: He left this world calmly, being conscious of deserved death sentence for him, deeply regretting his past great felony of murder of lineal ascendant and murder of his wife.

                                              Minoru Hamada,
                                         Warden of Sapporo Prison.

●死刑執行始末書【整理番号45】

(法務府矯正保護局 (C. & R.) くらた としお により
1951年4月14日にP. B.に送達)

大阪拘置所
1951年3月19日

宛先： 法務府矯正保護局長 古橋浦四郎様
差出人： 大阪拘置所長 玉井策郎
件名： 死刑判決執行に関する報告

氏名： ○○○ ○○○。
年齢： 33歳。
本籍地： ○○市○○区○○町○丁目○○番地。
現住所： 住所不定。
職業： 無職。
罪名： 強盗殺人。
判決日及び裁判所：
　　第1審： 1947年5月1日　大阪地方裁判所。
　　第2審： 1947年12月24日　大阪高等裁判所。
　　第3審： 1949年5月7日　最高裁判所。（上告棄却。）
前科： なし。
執行日： 1951年3月9日午前10時45分～午前10時59分。
執行立会者：
　　大阪高等検察庁検察官　○○○　○○○。
　　大阪高等検察庁事務官　○○○　○○○。
遺体の取扱： 存命中の被執行者の要望により、被執行者の遺体は○○大学に送られ、同人の遺骨は同人の兄○○○　○○○の要望により、×××　××に送られた。
存命中の通信： 同人と幼少期から共に親密な関係の下で暮らしてきた同人の兄○○○　○○○との多くの面会及び通信があった。
特記事項： 同人は心からの宗教的な誠実さをもって被害者のために祈り、死刑判決の執行を待っていた。公衆を驚愕させるに至った自らの過去の重罪を深く悔いていた。
　　執行に際して、同人は拘置所の全職員に感謝の言葉を述べ、辞世の句として、春風が木の新しい芽を通り抜けていくがこの場所に吹き抜けることはないという句を残した。

大阪拘置所長
玉井策郎

(Delivered to P. B. on April 14, 1951
by Toshio Kurata, C. & R. Bureau, AGO)

Osaka Detention House.
March 23, 1951.

To: Urashiro Furuhashi, Bureau Director of C. & R. Bureau, Attorney-General's Office.

From: Sakuro Tamai, Warden of Osaka Detention House.

Subject: Report on Death Sentence Execution.

Name: ███ ███.

Age: 33.

Home Domicile: No. ██, █-chome, ████-cho, ██████-ku, ████-shi.

Present Address: No fixed abode.

Occupation: None.

Offences: Robbery and murder.

Date of sentenced and court:
    1st Instance: May 1, 1947 at Osaka District Court.
    2nd Instance: December 24, 1947 at Osaka Higher Court.
    3rd Instance: May 7, 1949 at Supreme Court. (Jokoku appeal dismissed.)

Previous Offences: None.

Date of execution: March 9, 1951 from 10.45 a. m. to 10.59 a. m.

Witness of execution:
    ████ ████, Public Procurator of Osaka Higher Procurator Office.
    ████ ████, Secretary of Osaka Higher Procurator Office.

Treatment of the corpse: By the request of the executed while in life, the corpse of the executed was sent to the Kyoto University through ████ University, and the bones were sent to ████ ████ by the request of his elder brother ████ ████.

Communication while in life: There were many receptions and communications between him and his elder brother ████ ████ who had been living together with him from childhood, with close relationships.

Remarks: He had been waiting the execution of his death sentence, praying for the victims with heartily religious faith. He had been regretting deeply his past great felony of murder that had taken the public by surprise.

    When executed, he thanked to all officials of this house of detention and left one 17 syllable japanese verse as death song, saying that the spring wind blew through the sprout of tree, however, did not blew to this place.

                                          Sakuro Tamai,
                                        Warden of Osaka Detention H.

●死刑執行始末書【整理番号46】

(法務府矯正保護局（C. & R.）くらた　としお により
1951年4月14日にP. B.に送達)

大阪拘置所
1951年3月23日

宛先：　　法務府矯正保護局長　古橋浦四郎様
差出人：　大阪拘置所長　玉井策郎
件名：　　死刑判決執行に関する報告

氏名：　　○○○　○○○。
年齢：　　42歳。
本籍地：　○○県○○郡○○村大字○○××番地。
現住所：　同上。
職業：　　日雇い労働者。
罪名：　　強盗殺人、同未遂。
判決日及び裁判所：
　　第1審：　1948年8月9日　和歌山地方裁判所。
　　第2審：　1949年2月23日　大阪高等裁判所。
　　第3審：　1949年7月14日　最高裁判所。（上告棄却。）
前科：　　なし。
執行日：　1951年3月20日午後2時39分～午後2時53分。
執行立会者：
　　大阪高等検察庁検察官　○○○　○○○。
　　大阪高等検察庁事務官　○○○　○○○。
遺体の取扱：　存命中の被執行者の要望により、被執行者の遺体は解剖実習のために○○大学に送られ、遺骨は○○寺に送られた。
存命中の通信：　同人は控訴審段階で本拘置所に移送されるまで、和歌山刑務所に拘置されており、同刑務所収容中は同人の家族及び友人との間で頻繁に面会が行われていたものの、本拘置所に移送後は家族外の者との面会はほとんどなくなり、よい家族関係に基づく相互の通信が多く見受けられるのみとなった。
特記事項：　同人は公衆を驚愕させるに至った自らの過去の重罪を深く悔い、特に被害者に対する罪悪感に苦しみ、宗教的に誠実な自らの意思に基づいて残された日々を過ごしながら死刑判決の執行を待っていた。執行に際して、辞世の短歌を残した。

大阪拘置所長　玉井策郎

(Delivered to P. B. on April 14, 1951
by Toshio Kurata, C. & R. Bureau, 106)

Osaka Detention House.
March 23, 1951.

To: Urashiro Furuhashi, Bureau Director of C. & R. Bureau, Attorney-General's Office.
From: Sakuro Tamai, Warden of Osaka Detention House.
Subject: Report on Death Sentence Execution.

Name: ▓▓▓▓▓.
Age: 42.
Permanent Domicile: No. ▓▓, ▓▓▓▓▓▓▓▓, ▓▓▓▓-mura, ▓▓▓-gun, ▓▓▓▓-ken.
Present Address: Same as above.
Occupation: Daily laborer.
Offences: Robbery & murder, and attempted to robbery & murder.
Date of sentenced and Court:
    1st Instance: August 9, 1948 at Wakayama District Court.
    2nd Instance: February 23, 1949 at Osaka Higher Court.
    3rd Instance: July 14, 1949 at Supreme Court. (Jokoku appeal dismissed.)
Previous offences: None.
Date of execution: March 20, 1951 from 2.39 p. m. to 2.53 p. m.
Witness of execution:
    ▓▓▓▓ ▓▓, Public Procurator of Osaka Higher Procurator Office.
    ▓▓▓▓▓, Secretary of Osaka Higher Procurator Office.
Treatment of the corpse: By the request of the executed while in life, the corpse of the executed was sent to ▓▓▓▓ University for the purpose of operation and the bones were sent to ▓▓▓▓ Temple.
Communication while in life: He had been transferred in this detention house for kose appeal, before that time he had been confined in Wakaya Prison and there had been frequent receptions between him and his family & his friends, however, after transferred in this detention house there were few receptions in general and many communications each other with good family relationships.
Remarks: He had been waiting the execution of his death sentence, deeply regretting his past great felony that had taken the public by surprise, especially suffering from guilty conscience for the victims and spending his last life with religious faith voluntarily. When executed, he left one 31 syllable Japanese poem as death song.

                                            Sakuro Tamai,
                                            Warden of Osaka Detention House.

●死刑執行起案書及び添書【整理番号42、43】

宛先： GHQ/SCAP 参謀第2部公共治安課W. G. Piersel博士
差出人： 法務府
件名： 死刑判決確定者に関する報告書

法務府第24号（2A）　　　　　　　　　　　　1951年2月7日

　同封して提出するのは、死刑判決確定者○○○　○○○及び×××　×××に関する報告書であります。
　同文書は法務総裁宛てのものであります。

　　　　　　　　　　　S. つるおか（ローマ字による署名）
　　　　　　　　　　　　法務府連絡課長

同封物：　上記のとおり

死刑判決確定者〇〇〇　〇〇〇及び×××　×××に関する報告書

Ⅰ.
本籍地：　〇〇県〇〇郡〇〇村〇〇字〇〇××番地。
職業：　無職。
罪名：　強盗殺人。
氏名：〇〇〇　〇〇〇。
生年月日：　1904年〇月〇〇日。
人格：　レスリング及びチェス《筆者注：「相撲及び将棋」？》を好む。かなりの酒飲みであり、煙草の割当量が十分であるかどうか確認するほどの喫煙者である。
生育歴：　同人の旧姓は△△△である。尋常小学校卒業後、東京や大阪などで販売見習いとして働いた。1925年にS連隊に入隊した。兵役満了後、中華民国に渡って店の事務員、料飲組合の労働者、料飲店の支配人などとして継続して働き、Tとともに同国北部で暮らした。これらの仕事に従事している間に日本に戻り、再婚した。現姓の〇〇〇で戸籍に記載されると、再び中華民国に渡った。1945年6月に同地で兵役に徴募されたものの、戦争が間もなく終結したため、1946年5月頃日本に引き揚げ、青果仲買人の仕事を得た。
財産状態：　生計費を賄うために自らの財産を売却せざるを得ないほど困窮した状態であった。
前科：　なし。
犯行の動機：　貧困の試練に苦しみ、金品の所有を図ろうと願った。

Ⅱ.
本籍地：　〇〇市〇〇区〇〇××町〇〇番地。
職業：　無職。
罪名：　強盗殺人。
氏名：　〇〇〇こと×××　×××。
生年月日：　1911年〇月〇〇日。
人格：　スポーツ、特にテニス、レスリング《筆者注：相撲？》及び登山の愛好者。1日あたり酒1合を飲み、煙草60本を吸う。

生育歴：　同人は、大韓民国○○道で生まれ、公立学校卒業後、17歳の時に来日して主に大阪で美容業に従事し、現在の妻である×××　××子と結婚して、×××の姓で戸籍に記載された。1944年に文民として華北遠征軍の憲兵となり、負傷して、翌年日本に帰還した。1945年9月、奈良区裁判所において横領の公訴事実により懲役2年の判決を受けた。1947年7月に仮釈放され、自らの所有物の販売の利益により食いつなぐという非常に困窮した状況において暮らしていた。

財産状態：　同人の状況は上述した通りであり、特に付け加えることはない。同人は、本件共犯者であるTに対して2,500円の債権を有しているにすぎず、その支払を得ることは困難であった。

前科：　賭博の公訴事実のため1942年5月27日大阪区裁判所により罰金20円。
　　　　横領の公訴事実のため1945年9月12日奈良区裁判所により懲役2年。

犯行の動機：　上述のような貧しい状況に置かれて、金品の所有を図ろうと願った。

犯行の要旨：　同人らは、K1及びK1の母親K2によって闇市での煙草の取引から得られた金銭を強取する計画をもってこれに着手しようとしていたところ、○○○の知人であるOとともにその陰謀に加わることを決意した。一味は、1946年8月28日午後8時頃、○○市○○区○○×丁目○○番地のK1方に赴き、K1及びK2に対して闇市の仲買人と疑われた者に対する捜査を行う警察官であると虚偽の事実を申し向け、金品の提出を要求した。かかる要求がすぐさま従われなかったため、同人らの顔がK1及びK2に知れるところとなったことから同人らは焦って、彼らを殺害することが残された唯一の選択肢であるとの結論に至った。そこで、見張り役として行動していたTの主導の下、同人ら3名は、K1方の3畳間において携行した亜麻製の紐でK2（当58歳）を×××が、K1（当30歳）をO及び○○○が共同して絞頸し、死に至らしめた。なおも同人らは鉄製の金槌で被害者両名の頭部及び顔面を強打した。たまたま6畳間に居合わせたK1の妹であるK3が3畳間に立ち寄ったところ、○○○がK3を床に押し倒し、×××が絞頸してK3を死に至らしめた。K3の顔面は鉄製の金槌でひどく殴打された。同人ら3名は、その後逃げ去った。同人らはK1及びK2の所有物であった25,000円以上の現金、4,860本余りの煙草及び種々雑多な商品を強取することに成功した。

捜査の経緯：　1946年8月28日午後10時50分頃、すなわち本件犯行の約1時間後に○○○、×××及びOが本件と関連する盗品を各々トランク、バッグ及び風呂敷で運び、T方付近を通り過ぎようとしたのが見受けられたとこ

ろ、大阪市〇〇警察署員によって見咎められ、質問を受けた。同人らの供述から、Oが煙草を闇市で売るために高松から大阪へやってきたこと、×××が仲間の闇市の仲買人としてOに会うために駅に赴いたこと、及び、Oと×××がともにT方に向かっていたとされた。同人ら3名は警察署にタバコ専売法違反の被疑事実で警察署に留置された。旅行者であるはずのOがトランク以外に旅行道具を持っておらず、トランクなどがOが見ていないうちに一緒にいた旅行者に大阪駅で盗まれてしまったとの供述に落ち着いた説明がOを苦しい状況に置くこととなった。上述の警察署は本件殺人が発生した場所を管轄する警察署ではなく、当該事件と3人の関係は結び付けて考えられておらず、窃盗事件として本件の処分が検討されていた。そうこうするうち、〇〇〇は、夜勤の警察署員に重要な自白をしようと思うので、愛する我が子を抱き上げさせる特権を認めて欲しいと願い出た。〇〇〇が強盗殺人罪の実行をほのめかしていたとの情報が留置場の同房者の1人からも得られた。そのため、〇〇〇は、取調べを受け、本件強盗殺人に関与した実際の状況と合致した供述が同人から得られることとなり、それは、犯行現場を見取り図に忠実に詳しく示しながら、発生場所に管轄を有さない警察署員に情報を与えるものであった。このことが本件に関する犯人の逮捕に至る経緯として役立った。

事実認定のデータ：　本件犯罪事実について、〇〇〇は同人の実兄であるTが本件殺人を指揮したとの事実を除いて、予審の第1回目の聴聞時までに上述の犯罪事実を内容と実質的に同じ自白を行ったものの、第2回目の聴聞において、K1の殺害における共犯者と関連する自白の一部について否認した。第1審の公判において、この供述は、×××とOの共犯として、公判時に死亡していたTが当該殺害の実行に寄与したとの内容に変更された。第1審の判決言渡し後、〇〇〇は、第1審の公判における供述は×××の唆しに影響を受けたものであって、予審の第2回聴聞の手続における供述が正しいとの書面による供述をも送付した。この供述は、同人が殺害の実行に関与したことを否認するものであって、第2審の公判及び上告審の審理を通じて変更されることなく維持された。しかしながら、共犯者のうち最も信用できるOは、×××による唆しに関する抗弁を除けば、検察官による訊問から第2審の判決言渡しまで一貫して犯罪事実に関して同じ内容を供述してきた。そして、同人の供述によれば、〇〇〇がK1の殺害に関与したことは明らかである。その上、×××の供述、本件犯罪の計画から実行に至る一連の出来事及びTに対する〇〇〇の人的関係が考慮されるならば、上記の犯罪事実において述べられたように、殺害の実行においてT

の手ほどきがあったことは明らかである。
　×××については、警察段階から検察官による第1回目の訊問に至るまで一貫して、上述のように、本件が発生した1946年8月28日の夜にOに会いに出掛けただけであって、同日夜にはT、○○○及びOとともにT方におり、阪急（ママ）梅田駅まで同行し、同所で3人と別れて中古製品商のところに赴き、そこからの道すがら3人と大阪駅でたまたま出会ったにすぎないと弁解した。同人は、その他全てのことを否認していた。検察官による第2回目の訊問及び予審において、当該犯罪事実について、同人は、K3を窒息させたのではなく、口を塞いだにすぎないとの主張を除いて上述の犯罪事実と同じ内容を自白するに至った。この自白は、第1審公判において撤回され、Tが殺害の実行に主に責任があると主張された。第2審の公判から上告審の公判に至るまで、予審と同じ内容の自白が繰り返された。第2審の判決言渡し後、同人は当該犯罪が行われた夜にT、○○○及びOとT方を辞去した後、アルコールを嗜んだため、犯行現場ではひどく酩酊して意識を失った状態であって、本件犯行には関与していないにもかかわらず、○○○の虚偽の供述によって有罪判決を受けたにすぎないと弁解した。同人は再審請求を繰り返し行い、偽証罪で○○○を告訴した。O及び○○○の供述並びに入手しうる様々な証拠を精査した結果、×××が犯行当時意識を失った状態にあったという事実を認定することはできなかった。警察及び検察官による第2回目の訊問における同人の弁解は、O及び○○○の供述において記されたように、作り話に基づいており、×××は前述のように繰り返し2度も事実を否定する主張を行っている。これらの事実を考慮するとき、意図された通りに×××の弁解を受け入れることは困難である。結局、O及び○○○の自白並びに様々な他の証拠を総合的に考慮するために整序するとき、同人の供述について、予審の際に同人によってなされたもの及び第2審の公判においてなされたものはおおよそ真実であり、それらは同人がK3を絞殺したことについて有罪であるとの事実を認めるに十分であると言ってよいということを導いた。
　本件犯罪の事実は証拠によって十分に証明されたとの結論に至った。
起訴日：　　1946年9月17日（正式裁判請求）。
第1審裁判所：　大阪地方裁判所。
第1審判決日：　1947年7月22日。
第2審裁判所：　大阪高等裁判所。
第2審判決日：　1948年3月2日。
第3審裁判所：　最高裁判所。

第3審判決日： 1948年7月1日。

(上告棄却)

判決確定日： 1949年7月1（ママ）日。
死刑判決執行予定刑事施設： 大阪拘置所。
死刑判決執行予定日： 1951年2月16日。

注―
1. 本件共犯者のTは逮捕される前に京都で自殺し、Oは無期懲役の判決を受けた。判決確定後に×××によって申立てがなされ、その結果は以下の通りであった。
1948年6月30日、SCAPに対して判決の再審査の申立てがなされた。
1949年5月28日、第8軍司令官により申立てが棄却された。
1949年6月22日、大阪高等裁判所に対して再審請求がなされた。
1949年9月28日、大阪高等裁判所により再審請求が棄却された。
1949年10月10日、上記再審請求に対して即時抗告がなされた。
1949年12月24日、最高裁判所により即時抗告が棄却された。
1950年2月22日、大阪高等裁判所に対して再審請求がなされた。
1950年3月31日、大阪高等裁判所刑事第6部により再審請求が棄却された。
1950年3月26日、大阪地方検察庁に対して○○○に対する違法な公訴提起に対する申立てがなされた。
1950年8月5日、上述の事件に関する不起訴処分が大阪地方検察庁でなされた。
1950年8月5日、大阪高等検察庁に対して不起訴処分に対する不服申立てがなされた。
1950年9月28日、大阪高等検察庁により申立てが拒絶された。
1950年11月1日、大阪高裁に対して審査が申立てられた。この問題は現在検討中である。
2. ○○○に対する違法な公訴提起に関連する不起訴処分の審査は、×××によって第二大阪検察審査会に申立てられたところ、これについて、同審査会は、1950年9月20日に不起訴相当とする判断を示した。

●死刑執行起案書及び添書【整理番号46】

宛先： GHQ/SCAP 参謀第2部公共治安課B. G. Lewis博士
差出人： 法務府
件名： 死刑判決確定者に関する報告書

法務府第44号（2A）　　　　　　　　　　　　　　　　　1951年3月1日

　同封して提出するのは、死刑判決確定者○○○　○○○に関する報告書であります。
　同文書は法務総裁宛てのものであります。

　　　　　　　　　　　　　　　　　　　　　　　法務府連絡課長S.つるおか の
　　　　　　　　　　　　　　　　　　　　　　　連絡課長代理さいとう　いわお
　　　　　　　　　　　　　　　　　　　　　　　　　　（ローマ字による署名）

同封物：　上記のとおり

死刑判決確定者○○○　○○○に関する報告書

本籍地：　○○県○○郡○○村大字○○××番地。
職業：　日雇い労働者。
罪名：　強盗殺人、同未遂。
生年月日：　1908年○月○○日。
人格：　特記事項なし。
生育歴：　家族が貧しかったため、尋常小学校を全うすることなく5年で修了した。農家で子守りとして働き、同農家で農業補助を19歳になるまで続けた。庭師となった後、24歳のときに大阪に引っ越し、工員として就労した。製鉄会社である○○製鉄で33歳になるまで働いた。その後、徴用されて海軍の職工としてセレベスに赴き、飛行場の管理作業等に従事した。1946年6月に復員し、山で就労するとともに、本籍地において日雇い労働者等として就労していた。
財産状態：　1軒の家屋を所有。
前科：　なし。
親族：　父、母、妻、娘2人、妹1人。
犯行の動機：　生計困難。
犯行の要旨：　同人は、1948年6月22日、午前11時過ぎ、○○県○○郡○○村大字○○△△番地の農業●●●　●●●方に赴き、たまたま手近にあった木槌により、大麦を打っていた●●●　□□□（当年68歳）の頭部を繰り返し激しく殴打し、死に至らしめた。同人はさらに庭で遊んでいた同女の孫▽▽▽　▲▲▲（当年6歳）を前記木槌により殴打し、全治約1か月の傷害を同女に与えた。同人は、これらの常軌を逸した行動の後に現金326円を強取した。
捜査の経緯：　犯行から約8時間後の1948年6月22日午後8時頃、訪問先から帰宅した被害者宅の家族により、本件犯行は発見された。同家族の構成員が同日午前10時ごろに本件死刑囚が被害者宅を訪ねたことを思い出したため、そのことが警察に知らせられ、初動捜査は同人の行動から始められることとなった。その結果、同人の容疑を裏付ける多くの事項が発見され、同年6月24日に同人の逮捕がなされた。
事実認定のデータ：　捜査の開始と同時に、当該家屋の捜索が行われ、本件死

刑囚が着ていた衣類の一部、犯行により生じたと考えらえる血痕、被害者
等が軒下から発見された。また、犯行現場に残されていた多数の指紋が同
人の指紋と一致した。以上に加えて、常軌を逸した行動を行う際に同人に
より利用された木槌が被害者宅に近い竹藪において発見された。そのため、
上述の犯行の事実があらゆる疑いを超えて証明されたと考えられた。

起訴日：　　1948年7月5日（正式裁判請求）。
第1審裁判所：　和歌山地方裁判所。
第1審判決日：　1948年8月9日。
第2審裁判所：　大阪高等裁判所。
第2審判決日：　1949年2月23日。
第3審裁判所：　最高裁判所。
第3審判決日：　1949年7月14日。
　　　　　　　　　　　　（上告棄却）
判決確定日：　1949年7月14日。
死刑判決執行予定刑事施設：　大阪拘置所。
死刑判決執行予定日：　1951年3月20日。

●大韓民国籍の者に対して下された判決の再検討（原本）

HEADQUARTERS EIGHTH ARMY
United States Army
Office of the Commanding General
APO 343

AGYO 250.53

December 6, 1949

SUBJECT: Review of Sentences Imposed Upon Koreans

THRU : Yokohama Laison and Coordination Office
Yokohama, Honshu, Japan

TO : Attorney-General's Office
Tokyo, Honshu, Japan

1. Reference is made to a letter from the Japanese Government, Central Liaison and Coordination Office to General Headquarters, Supreme Commander for the Allied Powers, subj: "Review of Sentence Imposed upon Koreans", dated 13 September 1948, in which petitions and documents concerning the cases of ███████ and ███████ ███████, Korean nationals, were transmitted.

2. In accordance with the authority delegated the Commanding General, Eighth Army by the Supreme Commander for the Allied Powers, investigations and reviews of the cases of ███████ and ███████ ███████ have been made by this headquarters.

3. It is desired that the accused, ███████ ███████ and ███████ ███████, and the appropriate Japanese authorities be notified that no action will be taken by this headquarters to disturb the findings and sentences as adjudged by the Japanese courts upon ███████ ███████ and ███████ ███████.

BY COMMAND OF LIEUTENANT GENERAL WALKER:

CHARLES A HULE
Captain AGD
Asst. Adj. Gen.

●死刑執行に関するGHQ/SCAPの覚書(原本)

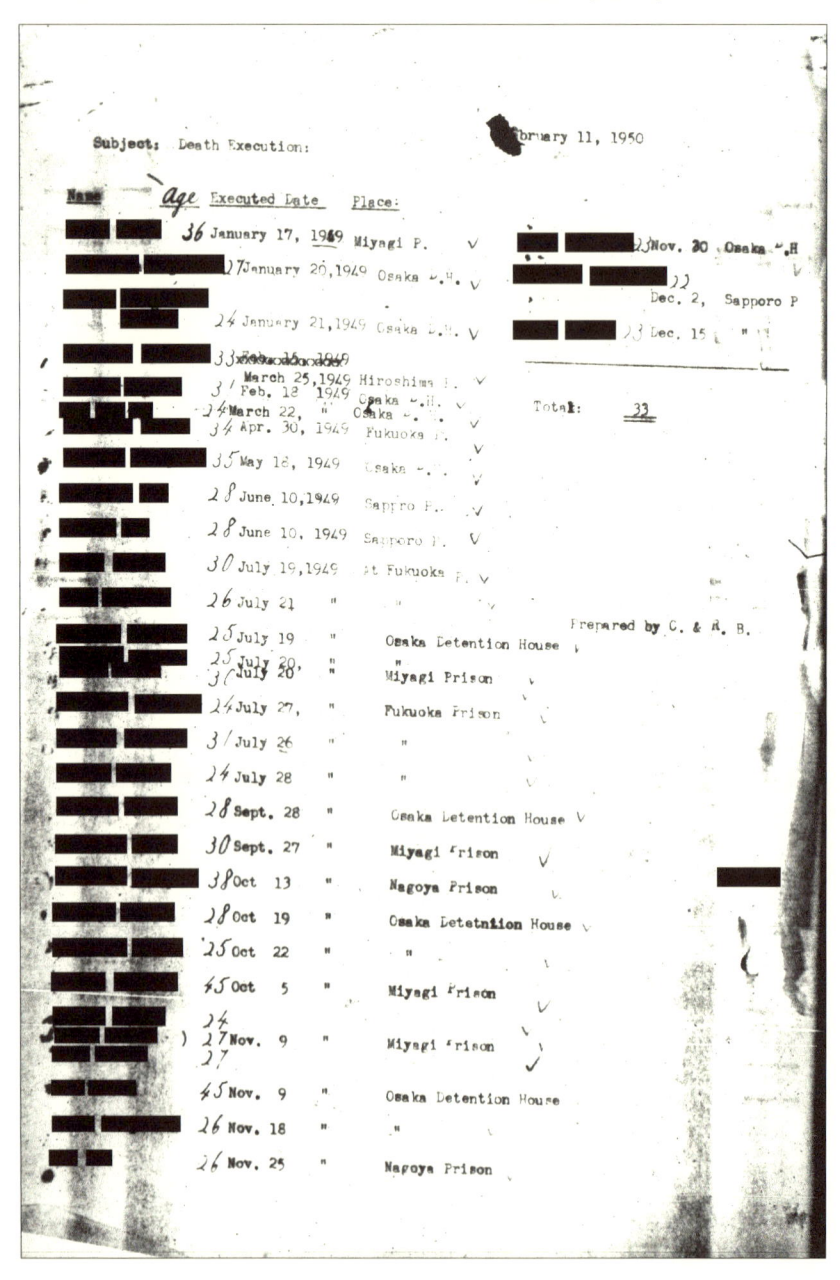

Subject: Death Execution:　　　　　　　　　　February 11, 1950

Name　age　Executed Date　Place:

　　　36 January 17, 1949 Miyagi P.　　　　　　　　　Nov. 30 Osaka D.H
　　　27 January 26, 1949 Osaka D.H.　　　　　　　　　　22 Dec. 2, Sapporo P
　　　24 January 21, 1949 Osaka D.H.　　　　　　　　　　23 Dec. 15　"
　　　33 ××××× 1949
　　　　　March 25, 1949 Hiroshima P.
　　　31 Feb. 18, 1949 Osaka D.H.　　　　　　　Total: 33
　　　24 March 22,　"　Osaka D.H.
　　　34 Apr. 30, 1949 Fukuoka P.
　　　35 May 18, 1949 Osaka D.H.
　　　28 June 10, 1949 Sapporo P.
　　　28 June 10, 1949 Sapporo P.
　　　30 July 19, 1949 at Fukuoka P.
　　　26 July 21　　"
　　　25 July 19　　"　Osaka Detention House　　　Prepared by C. & R. B.
　　　25 July 20　　"　Miyagi Prison
　　　24 July 27,　"　Fukuoka Prison
　　　31 July 26　　"　　　"
　　　24 July 28　　"　　　"
　　　28 Sept. 28　"　Osaka Detention House
　　　30 Sept. 27　"　Miyagi Prison
　　　38 Oct 13　　"　Nagoya Prison
　　　28 Oct 19　　"　Osaka Detention House
　　　25 Oct 22　　"　　　"
　　　45 Oct 5　　"　Miyagi Prison
　　　27 Nov. 9　　"　Miyagi Prison
　　　45 Nov. 9　　"　Osaka Detention House
　　　26 Nov. 18　"　　　"
　　　26 Nov. 25　"　Nagoya Prison

NAME	Date of Execution	Age	Military Service	Marital Status	Previous Conv.	Accomplices	Motive	Method or Weapon	No. people Murdered	Offense w/ Murder
	27 Jan 48	22	Yes	Single	none	none	robbery	pickaxe	6	Robbery
	15 Mar 48	21	Yes	Married	two	none	fraud	hatchet	1	Robbery & Att Murder
	19 Jul 48	25	Yes	Single	none	(each	robbery	(wooden	2	robbery
	13 Jul 48	22	Yes	Single	none	other	robbery	clubs	2	
	15 Jun 48	41	No	Single	two	none	robbery	bayonet	1	
	24 Aug 48	33	Yes	Widower	none	none	Robbery	Axe	2	Robbery
	27 Jul 48	30	Yes	Widow	none	none	robbery	fist	2	robbery
	5 Oct 48	25	Yes	Single	one	one	robbery	strangling	2	robbery
	Aug 48	25	Yes	Divorced	none	none	robbery	hammer	2	rob, arson, rape
	25 Oct 48	28	No	single	eight	two	robbery	wooden club	1	robbery
	20 Oct 48	42	Yes	married	two	(each	robbery	(strangling	3	robbery
	20 Oct 48	33	No	widower	(other	(other	robbery	and knife)		
	26 Oct 48	50	no	married	one	one	robbery	fist	2	robbery
	26 Oct 48	29	no	common-law	none	two	robbery	strangling	1	robbery
	25 Oct 48	28	no	common-law	four	none	robbery	hammer	2	rob, arson
	17 Nov 48	24	yes	divorced	one	two	robbery	knife	1	robbery
	20 Oct 48	31	yes	married	none	none	robbery	iron bar	1	robbery
	11 Nov 48	25	no	single	three	one	robbery	strangling	3	robbery
	11 Nov 48	29	yes	single	none	n ne	avoid arr.	and knife	1	robbery
	25 Nov 48	25	yes	single	two	none	fraud	revolver	1	robbery, arson
	26 Nov 48	28	no	single	none	none	robbery	garden tools	1	robbery
	30 Nov 49	60	no	common-law	four	none	robbery	hatchet	3	robbery
	17 Dec 48	37	yes	married	none	none	robbery	axe	2	robbery
	8 Dec 48	30	yes	married	one	none	robbery	hatchet	2	robbery
	8 Dec 48	60	yes	widower	two	none	robbery	strangling	1	robbery, arson
	15 Dec 48	27	yes	single	two	none	robbery	strangling	1	robbery
	10 Dec 49	32	yes	single	one	none	robbery	revolver	2	robbery
	15 Dec 48	21	yes	married	none	none	robbery	hammer & fist	6	robbery
	10 Dec 48	31	yes	single	three	none	robbery	hatchet	1	robbery
	10 Dec 49	31	no	divorced	(each	none	robbery	strangling	1	robbery,
	10 Dec 49	35	no	single	(other	none		end	1	robbery
	20 Dec 48	55	no	single	tw.	(other	knife	knife	2	rrson
	20 Dec 49	25	no	single	tw.	one	avoid arr.	wooden club	1	rost. of weapon
	24 Dec 49	45	no	married	one	none	robbery	hammer	4	r bbery

	Age	Domicile	PERSONAL HISTORY Nationality or Ancestry	Prior Military Service	Marital Status	Prev. Conv.	Date	Pl
▇▇▇, ▇.	22	Osaka	Japanese	Yes	Single	0	22 Mar 46	Fuku
▇▇▇, ▇.	21	Fukuoka	Japanese	Yes	Married	2	23 Jan 47	Fuku
▇▇▇, ▇.	41	Fukuoka	Japanese	No	Single	2	19 Jun 46	Fuku
▇▇, ▇.	25	Hyogo	Japanese	Yes	Single	0	9 Jul 46	Naga
▇▇, ▇.	22	Hyogo	Japanese	Yes	Single	0	9 Jul 46	Naga
▇▇▇, ▇.	30	Hyogo	Japanese	Yes	Common-Law	2	10 Jul 46	Miya
▇▇, ▇.	33	Nara	Japanese	Yes	Widower	0	21 Nov 46	Nara
▇▇▇, ▇.	25	Okinawa	Japanese	Yes	Divorced	0	5 Sep 45	Toky
▇▇▇, ▇.	42	Hyogo	Japanese	No	Single	8	22 Feb 46	Hyog
▇▇▇, ▇.	25	Akita	Japanese	Yes	Single	1	28 Feb 46	Hiro
▇▇▇, ▇.	50	Kanagawa	Japanese	No	Married	1	15 Dec 45	Kana
▇▇, ▇.	32	Miyazaki	Japanese	Yes	Married	1	26 Aug 46	Fuku
▇▇▇, ▇.	33	Gifu	Japanese	No	Widower	0	26 Aug 46	Fuku
▇▇▇, ▇.	28	Osaka	Japanese	No	Common-Law	1	3 Feb 47	Fuku
▇▇▇, ▇.	28	Tokushima	Japanese	No	Common-Law	0	29 Feb 47	Toky
▇▇, ▇▇▇	31	Aichi	Japanese	Yes	Married	0	26 Jul 46	Aich
▇▇, ▇.	29	Saga	Japanese	No	Single	3	3 Jun 46	Naga

PERSONAL HISTORY						OFFENSE			
Nationality or Ancestry	Prior Military Service	Marital Status	Prev. Conv.	Date	Place	No. of No. of Victims	Date discovered	No. of Accomplices	Method or Weapon
Japanese	Yes	Single	0	22 Mar 46	Fukuoka	6		0	Pickaxe
Japanese	Yes	Married	2	23 Jan 47	Fukuoka	1	23 Jan 47	0	Hatchet
Japanese	No	Single	2	19 Jun 46	Fukuoka	1	19 Jun 46	0	Bayonet
Japanese	Yes	Single	0	9 Jul 46	Nagano	2	10 Jul 46		Wooden Clubs
Japanese	Yes	Single	0	9 Jul 46	Nagano				
Japanese	Yes	Common-Law	2	10 Jul 46	Miyazaki	2	not known	0	Pistol
Japanese	Yes	Widower	0	21 Nov 46	Nara	2	not known	0	Axe
Japanese	Yes	Divorced	0	5 Sep 45	Tokyo	2	5 Sep 45	0	Hammer
Japanese	No	Single	8	22 Feb 46	Hyogo	1	not known	2	Wooden Club
Japanese	Yes	Single	1	28 Feb 46	Hiroshima	1	20 Feb 46	1	Strangling
Japanese	No	Married	1	15 Dec 45	Kanagawa	3	15 Dec 45	1	Knife
Japanese	Yes	Married	1	26 Aug 46	Fukuoka	3	28 Aug 46		Strangling and Knife
Japanese	No	Widower	0	26 Aug 46	Fukuoka				
Japanese	No	Common-Law	1	3 Feb 47	Fukuoka	1	3 Feb 47	0	Strangling
Japanese	No	Common-Law	0	29 Feb 47	Tokushima	1	9 Jun 46	2	Knife
Japanese	Yes	Married	0	26 Jul 46	Aichi	1	10 Aug 46	0	Iron Bar
Japanese	No	Single	3	3 Jun 46	Nagasaki	1	3 Jun 46	1	Revolver

死刑執行に関するGHQ/SCAPの覚書　145

JUDICIAL PROCESS

Date of Arrest	Date of Public Action	Date of Conc. of Prelim. Examination	Date of Sent, Court of 1st Inst.	Date of Sent., 1st Appeal	Date of Sent., 2nd Appeal	Date Sent. Irrevocable
Not Known	Not Known	Not Known	8 Jul 46	19 Nov 46	None	Not Known
28 Jan 47	1 Feb 47	2 Feb 47	4 Apr 47	8 Jul 47	None	8 Jul 47
19 Jun 46	19 Jul 46	13 Dec 46	17 Mar 47	13 Aug 47	None	13 Aug 47
10 Jul 46	24 Jul 46	2 Sep 46	28 Nov 46	11 Aug 47	Withdrawn	3 Sep 47
10 Jul 46	24 Jul 46	2 Sep 46	28 Nov 46	11 Aug 47	Withdrawn	23 Aug 47
14 Jul 46	1 Aug 46	11 Nov 46	3 Feb 47	None	None	12 Mar 47
26 Nov 45	3 Dec 45	5 Feb 46	14 May 46	3 Oct 46	8 Mar 47	8 Mar 47
6 Sep 45	22 Nov 45	31 Jan 46	11 Mar 46	12 Nov 46	9 Apr 47	9 Apr 47
Not Known	22 Mar 46	28 Dec 46	18 Mar 47	19 May 47	None	19 May 47
5 Mar 46	16 May 46	15 May 46	19 Jul 46	20 Nov 46	24 Mar 47	24 Mar 47
15 Dec 45	7 Jan 46	17 Apr 46	27 Jul 46	24 Mar 47	7 Oct 47	7 Oct 47
11 Sep 46	5 Oct 46	4 Dec 46	26 Dec 46	13 Mar 47	None	19 Mar 47
11 Sep 46	5 Oct 46	4 Dec 46	26 Dec 46	13 Mar 47	20 Sep 47	20 Sep 47
4 Feb 47	1 Mar 47	13 Mar 47	21 Apr 47	2 Oct 47		8 Oct 47
28 Jun 46	29 Jul 46	30 Sep 46	26 Dec 46	26 Apr 46	10 Oct 47	10 Oct 47
10 Aug 46	29 Aug 46	25 Sep 46	23 Dec 46	24 Apr 47	18 Oct 47	18 Oct 47
3 Jun 46	13 Jun 46	7 Dec 46	3 Jan 47	8 May 47	27 Nov 47	27 Nov 47

	ICIAL PROCESS				EXECUTION		
of Court Inst.	Date of Sent., 1st Appeal	Date of Sent., 2nd Appeal	Date Sent. Ir-revocable	Date of Execution	Place of Execution		Interval: Date Arrested-Date Executed
l 46	19 Nov 46	None	Not Known	27 Jan 48	Hiroshima		Not Known
r 47	8 Jul 47	None	8 Jul 47	15 Mar 48	Hiroshima		14 months
r 47	13 Aug 47	None	13 Aug 47	15 Jun 48	Hiroshima		24 months
v 46	11 Aug 47	With-Drawn	3 Sep 47	13 Jul 48	Miyagi		24 months
v 46	11 Aug 47	With-Drawn	23 Aug 47	13 Jul 48	Miyagi		24 months
b 47	None	None	12 Mar 47	27 Jun 48	Hiroshima		24 months
y 46	3 Oct 46	8 Mar 47	8 Mar 47	24 Aug 48	Osaka		33 months
r 46	12 Nov 46	9 Apr 47	9 Apr 47	25 Aug 48	Miyagi		23½ months
r 47	19 May 47	None	19 May 47	29 Aug 48	Osaka		30 months
l 46	20 Nov 46	24 Mar 47	24 Mar 47	5 Oct 48	Hiroshima		31 months
l 46	24 Mar 47	7 Oct 47	7 Oct 47	15 Oct 48	Miyagi		34 months
c 46	13 Mar 47	None	19 Mar 47	20 Oct 48	Hiroshima		25 months
c 46	13 Mar 47	20 Sep 47	20 Sep 47	20 Oct 48	Hiroshima		25 months
r 47	2 Oct 47		8 Oct 47	26 Oct 48	Hiroshima		21 months
c 46	26 Apr 46	10 Oct 47	10 Oct 47	29 Oct 48	Osaka		28 months
c 46	24 Apr 47	18 Oct 47	18 Oct 47	11 Nov 48	Nagoya		26 months
n 47	8 May 47	27 Nov 47	27 Nov 47	11 Nov 48	Fukuoka		29 months

WORK SHEET

Military Service	MARRIED	Previous Convictions	Method of Ascertaining Guilt	Motive of C...
yes about 1 year	divorced 2 children	no punishment	investigation by police Confession	Robber...
yes about 4 years	yes	No punishment	evidence Confession	Robber...
yes	yes	None	Confession	Robber...
yes	No	① 2-3 years ② 1 yr 2 mos	Confession	Robber...
yes	Widower	① Fine of 20 yen	Confession	Robber...
No	yes 3 children	① Fine o 20 yen	Confession	Robber...
yes	yes 2 children	none	Confession	Robber to clear...
yes	no	none	Confession	Robber...
yes	no	none	Confession	Robber...
yes	divorced 1 child	① ten months ② 2 years ③ 5 years	Confession	Robber...
no	no	① 8 months ② 10 months		
no	no			
no	-yes 6 children	8 months	evidence	Robber...
no	no	in all 16 yrs in prison	Confession of Accomplice + investigation of Police - Confession of convict	Robber...
No	~~yes~~ No	① ... ② ...		Robber...

Previous Convictions	Method of Ascertaining Guilt / Investigation by police	Motive of Crime	Accomplices	Method of Murder	
no punishment	Confession evidence	Robbery	2	Strangling	1
No punishment	Confession	Robbery	none	Iron lever	1
None	Confession	Robbery	none	Strangling	1
2-3 years / 1 yr 2 mos	Confession	Robbery	1-2 years imprisonment	revolver	2
fine of 20 yen	Confession	Robbery	None	Strangling Iron BAR	1
fine of 20 yen	Confession	Robbery	None	hammer	4
none	Confession	Robbery to clear debt	None	Hatchet	2
none	Confession	Robbery	Yes	Striking head with timber	2
none	Confession	Robbery		"	
ten months / 2 years / 3 years	Confession	Robbery	Yes	Strangling Stabbing	1
8 months / 10 months	"	"			
8 months	evidence	Robbery	Yes life imprisonment		3
in all 14 yrs in prison	Confession of Accomplice + investigation by Police - confession of convict	Robbery	Yes (2)	Striking on head with heavy object	1
6 mm		Robbery	No	BAYONET	

死刑執行に関するGHQ/SCAPの覚書

NAME	DATE	Age	Place
███	18 May 49	35	Osaka Detention House
███	30 Apr 49	34	Fukuoka Prison
███	22 Mar 49	25	Osaka Detention House
███	25 Mar 49	24	Miyagi Prison
███	18 Feb 49	32	Osaka Detention House
███	26 Jan 49	28	Osaka Detention House
███	21 Jan 49	25	Osaka Detention House
███	17 Jan 49	37	Miyagi Prison
███	8 Dec 48	21	Sapporo Prison
███	18 Nov 49	26	Osaka Detention House
███	13 Jul 48	36	Miyagi Prison
███	13 Jul 48	27	Miyagi Prison
███	7 Nov 49	45	Osaka Detention House
███	28 Sep 49	28	Osaka Detention House

◎著者プロフィール

永田憲史（ながた・けんじ）

【著者略歴】
1976 年　三重県生まれ
1998 年　司法試験合格
1999 年　京都大学法学部卒業
2001 年　京都大学大学院法学研究科民刑事法専攻修士課程修了
　　　　日本学術振興会特別研究員（DC1）
2004 年　日本学術振興会特別研究員（DC1）任期満了退職
2005 年　京都大学大学院法学研究科民刑事法専攻博士課程研究指導認定退学
　　　　関西大学法学部専任講師
2008 年　関西大学法学部准教授　（現在に至る）

【著書】
『死刑選択基準の研究』（関西大学出版部、2010 年）
『わかりやすい刑罰のはなし──死刑・懲役・罰金』（関西大学出版部、2012 年）

GHQ文書が語る日本の死刑執行
公文書から迫る絞首刑の実態

2013年 5 月10日　第 1 版第 1 刷

著　者	永田憲史
発行人	成澤壽信
発行所	株式会社現代人文社
	〒160-0004　東京都新宿区四谷2-10 八ッ橋ビル 7 階
	振替　00130-3-52366
	電話　03-5379-0307（代表）
	FAX　03-5379-5388
	E-Mail　henshu@genjin.jp（代表）／hanbai@genjin.jp（販売）
	Web　http://www.genjin.jp
発売所	株式会社大学図書
印刷所	株式会社ミツワ
ブックデザイン	加藤英一郎

検印省略　PRINTED IN JAPAN　ISBN978-4-87798-548-6　C3032
Ⓒ 2013 Kenji Nagata

本書の一部あるいは全部を無断で複写・転載・転訳載などをすること、または磁気媒体等に入力することは、法律で認められた場合を除き、著作者および出版者の権利の侵害となりますので、これらの行為をする場合には、あらかじめ小社また編集者宛に承諾を求めてください。